U0121166

海上絲綢之路文獻集成

總主編 陳支平 陳春聲

歷代史籍編 6

主編 范金民

海峽出版發行集團
THE STRAITS PUBLISHING & DISTRIBUTING GROUP
福建人民出版社

本册目次

四夷廣記不分卷

〔明〕慎懋賞輯

《四夷廣記》不分卷，明慎懋賞輯。懋賞字雲臺，歸安（今浙江湖州）人。是書叙周邊各國及少數民族，各記疆里、山川、國統、制度、風俗、物産、貢物、文字、譯語及鍼路等項。間附相關詔敕、誓命、奏疏、出使詩文等。於安南、占城、暹羅等國，所叙尤爲詳賅，以交通頻數、材料多備故也。據天津圖書館藏《玄覽堂叢書續集》景舊抄本影印。

廣記

明吳人愼懋賞輯

榜葛剌國疆里

榜葛剌國即天竺國漢身毒國也或曰摩伽陀曰婆羅門東至海及占城界西至罽賓波斯國或曰至金剛寶座國又曰沼納僕兒南至海北至葱嶺其地廣三萬里分東西南北中五天竺

蘇門荅剌國至榜葛剌路程

自蘇門荅剌國開船取收貌山并翠藍島投西北

順風行二十日先到海口察地港有抽分所海船俱舶於此復用小船入港五百餘里至地名鎖納兒港登岸西南行三十餘站至國中有城郭大小衙門俱在城内

至榜葛剌陸路

陸路自察地港起程十六站至鎖納兒江有城池

又二十站至板獨哇即王都

榜葛剌山川

五嶺山高林茂民居所聚　迦毗黎河

六百八十八

榜葛剌國統

榜葛剌即東天竺也天竺有印度國五東天竺濵海接占城西天竺接大食國南天竺濵海北天竺接雪山此東印度國或云此西印度國釋迦得道之所也漢明帝時天竺浮圖法入中國其俗舍身梵尸謂之荼毘中國小民火葬之自起也中天竺王姓乞利咥氏亦曰剎利世有其國不簒殺都城曰茶鎛和羅城濵迦毗黎河有別城數百皆置長別國數十置王隋煬帝時遣裴矩通西域獨天竺

拂菻不至為恨武德中國大亂王尸羅逸多勒兵
討四天竺象不弛鞍士不解甲四天竺皆北面臣
之貞觀十五年自称摩伽陀王来貢太宗命雲騎
尉梁懷持節撫慰尸羅逸多鷩問國人曰自古有
摩訶震旦使者至吾國乎皆曰無之戎称中國為
摩訶震旦乃率群臣東面膜拜受詔二十二年遣
右衛率府長史王玄策等使其國其臣那伏帝阿
羅那順弑尸羅逸多自立發兵拒玄策玄策单騎
奔吐蕃召泥婆羅諸國兵破之執阿羅那順獻闕

下　本朝永樂三年國王靄牙思丁遣使来朝詔
賜王紵絲紗羅各四疋絹八疋王妃紵絲紗羅各
三疋絹六疋　命使往天竺迎異僧既至京居靈
谷寺敎人念唵嘛呢叭彌吽翰林侍讀李繼鼎曰
若彼既有神通當通中國語何爲待譯者而後知
乎且其所謂唵嘛呢叭彌吽云者乃云俺把你哄
也人不知悟耳六年國王遣使自太倉入貢十二
年王蹇弗丁遣其臣把濟一奉金葉表貢麒麟等物
詔賜王錦四疋綾六十疋頭目人等給賞有差

六百八十七

十三年　上命少監侯顯等統舟師賫　詔勅賞賜國王王妃頭目其王遣部領賫衣服等禮人馬千數迎自察地港口起程十六站至鎻納兒江有城池街市聚貨通商又差人賫禮象馬迎接二十站至板獨哇是國王之都城郭甚嚴街市鋪店連楹接棟聚貨百備其王之宫皆磚灰甃砌高廣殿宇平頂白灰為之内門三重九間長殿其柱皆黄銅包飾雕琢花獸左右長廊設明甲馬隊千餘外列巨漢明盔明甲執鋒刃弓矢威儀壯甚丹墀左

右設孔雀翎傘蓋百數又置象隊百數於殿前其
王于正殿高座嵌八寶箕踞坐其上劍橫於膝乃
令銀柱杖二人皆穿　纏頭來引道前五步一呼
至中則止又金柱杖二人接引如前禮其王拜迎
詔勅叩頭加額開讀賞賜受畢鋪毯毯於殿地
待我天使宴我官兵燔炙牛羊禁不飲酒恐亂性
而失禮以薔薇露和香蜜水飲之宴畢復以金盃
金繫腰金瓶金盆贈天使其副使皆以銀盃銀繫
腰銀瓶銀盆贈之其下官員亦贈以金鈴紉紵絲

六百六十八

長衣兵士俱有銀錢蓋此國富而有禮者也其後

船置金筒金葉表文差使臣賫捧貢獻方物於廷

自後貢使亦或一至

榜葛剌制度

其國有文字善於曆學有官品衙門印信行移及

陰陽生醫生之類其頭目名吧斯剌兒國王與頭

目服色俱倣回回之制刑有有斷手足劓耳鼻笞

杖徒流等項小罪贖錢日月之定亦以十二個月

為一年無閏月閞户皆東嚮

六百八十九

榜葛剌風俗

氣候四時常熱如夏土地廣濶田畝豐沃一歲四收不用耘耔隨時自宜信盟誓傳禁咒能致龍起雲雨男女勤於耕織風俗淳厚富者造船多往諸番商販人之容體皆黑白者甚少男婦皆剃頭男子以白布纏頭上穿白布長衣下圍各色濶布手巾足穿金線羊皮靴衣冠甚整婦女穿短衫圍色布絲錦不施脂粉自然嬌白耳垂寶鈿項掛纓絡髻堆腦後四腕金鐲手足戒指以舐足摩踵爲致

禮國語多榜葛俚自成一家言語亦有說巴兒西話者冠婚喪祭皆依回回教門凡交易雖有萬金價定打手永無悔改一應店舖浴堂酒飯等肆俱有百工技藝亦備人家無茶客至以檳榔代之其有一種曰印度不食牛肉飲食男女不同處夫死不再嫁妻死不再娶若孤寡無倚一村人家輪流養之不容別村求食其義氣有足稱者市井有一等行街妻身穿黑綠白布花衫下圍綠手巾又以硝子珠間珊瑚琥珀珠穿成纓絡佩于肩項青紅

硝子焼成釧鐲帶於兩臂人家飲宴此輩亦来動樂口唱番歌對舞亦有解数又有一等名根肖速魯柰即樂户也每日五更到頭目或富家門首一人吹鎖捺一人擊小鼓一人打鼓初起則慢自有板拍至後漸緊又至第二家吹擊而去飯時則各處丐錢物撮弄傳戲又有一等人同其妻以錢繞拴一大虎牽拽而行至人家撮弄即解其虎坐於地其人赤體单稍對虎跳躍将虎踢打其虎性發吽嗷其人與虎對陣数次又以拳頭伸入虎口直

六百七十

至其喉戲畢仍鎖虎頭虎伏地討食人家則以肉啖之及賞錢物其地酒有數等椰子酒米酒樹子酒茭蔁酒燒酒國王以銀鑄錢名倘伽每箇重官等三錢官寸一寸二分徑底面有文交易皆以此錢論價街市零用海𧴩番名考黎亦論個數其貨用金銀段絹青花白磁器銅鐵麝香銀硃水銀草蓆之屬

榜葛剌物産

稻一年四熟禾之長者可沒槀它米粒細長多紅

色　粟　麥　芝蔴　荳　黍

波羅密大如斗味甘甜　菴摩羅味香酸　芭蕉

石榴　甘蔗　酸子　檳榔　沙糖

桑樹用以養蚕亦能成絲　咀賴羅樹葉如梨生

山谷深處有巨虺守之欲取葉以矢射枝鳥啣

出復射鳥得之

瓜　菜　薑

稍割牛黑色角細長四尺許　十日壹割不然困且死

人飲其血壽五百歲　槖它　象牙　犀牛

牛　馬　羊　酥油　獅子　豹　獐

鷄　鴨　翠鳥　石蜜

魚

布有数號　一號篳布畨名卑泊濶三尺餘長五丈六七尺此布白細如粉箋綿様　一號姜黄布畨名湍者提濶四尺許長五丈如羅様即布羅也　一號忻白勒搭嚟濶三尺許長六丈布線稀踈即布紗也皆用纏頭　一號沙塌兒濶二尺長四丈餘似好三梭布　一號驀嘿驀勒

濶四尺許長二丈餘指面皆起絨頭厚四五分
即兠羅錦也　絨　嵌絲手巾　絹　被面
白紙樹皮所造光滑細膩如鹿皮
水晶　瑪瑙　珊瑚　琢珠　寳石　鑌鐵刀
鎗　火齊　琅玕石　黑鹽　漆器　盤碗

榜葛剌貢物

馬○馬鞍金銀事件戧金瑠璃器皿○青花白瓷
○撒哈剌○者抹黑答立布○洗白苾布○兠羅
綿○鶴頂○犀角○翠毛○鸚哥○糖霜○乳香

○熟香○烏香○麻藤香○烏爹泥○紫膠○藤竭○烏木○蘇木○胡椒○麤黄

沼納撲兒國

國在印度之中即古佛國永樂十八年其國王亦不剌金數侵榜葛剌國遣使齎勑諭之

給賜搒葛剌國

永樂三年賜國王紵絲紗羅各四疋絹八疋王妃紵絲紗羅各三疋絹六疋十二年給國王錦四段綾六十疋頭目人等給賞有差

竺書

竺典造書之主凡三人曰梵曰伽盧曰倉頡梵者光音天人也以梵天之書傳于印度其書右行伽盧創書於西域其書左行皆以音韻相生而成字字諸蕃之書悉其變也其季倉頡居中夏象諸物形而為文形聲相益以成字此語乃黠僧附會之談不足深信但所謂字母凡五十中十六字為轉聲之範三十四字為五音之祖今記之

遏　阿引　壹　翳引　嗢　活引

哩　梨司　義　盧引　伊　愛引

鄔　與引　耳　惡緊

右依天竺聲明字源及諸教中有十六轉聲令所傳者去其中第七第八第九第十之四聲惟有十二轉聲者蓋以此四聲已在第三第四二聲中所統也三十四母分為五音者

葛　渴　味石割切　竭　誐　牙音

撥古末切　擦七曷切　惹仁左切　嵯昨何切　倪　齒音

哳陟轄切　詫丑轄切　疕尼轄切　茶　拏　舌音

祖 提 他遠反 揭 達 那 喉音

鉢 登 末 婆 麻 唇音

耶 羅 歷加反 羅 嚩 設

沙 薩 訶 刹 以上融喉舌二音

斯乃音韻之祖因之配合而生生無窮焉

西天書

明 王 慎 德 四 夷

咸 賓

又

唵

麻

尼

巴能合二

〔口迷〕

吽

榜葛剌譯語

天文類

日神　蘇利耶

日月　印度

火星　盎哦羅迦

木星　勿哩訶娑

底跋

金星　戍羯羅

星宿　離婆多

月神　蘇摩

風神　婆庾

水星　部陀

土星　沙乃以宣

囉折

火神　惡祁尼

地理類

石　阿濕麼　水

白花山　補陀落迦　龜茲國

池　賀邏馱　洲

林　婆那　岸

何國（史有此國）　屈霜你迦　苑

邊地　蔑戾車　中國

數目門

十萬　洛叉　百億

萬億　那由它　無央數

五色類

色　俱蘭吒　金色　伊尼延

妙色　蘇樓波　青　尼羅

赤　阿羅那　黃　健陀羅

紫　羅差　蒼　氷伽羅

人物類

乞士　比丘　弟子　宣灑

寺主　摩摩帝　衆生　僕呼繕那

丈夫　逋沙　居士　迦羅越

父母 鄔婆弟鑠

婦 婆黎耶

童子 拘摩羅

奴 馱索迦

王 遮閱那

帝 因陀羅

身體類

丹田 優佗那

意 末那

夫 波帝

惡人 鳩那羅

女 扇提羅石

力士 婆里早

天主 因陀羅

心 質多耶

身影 頻婆帳者

六百七十八

衣服類

衣服　震越

麻衣　芻摩

縵條　鉢吒

内衣　舍勒

功德衣　迦絺那

宮室類

壇　滿荼邏

小舍　拘吒迦

細布　頭鳩羅

絹　那波吒

裙　泥縛些那

蟲衣蚕結成　憍奢耶

香室　健陀俱胝

塚　舍磨奢那

院 羅摩

器用類

錫杖 隙棄羅

磬 犍椎

斛 佉梨

幡竿 刺瑟胝

珍寶類

金 蘇伐羅

珊瑚 鉢擺娑福羅

數珠 鉢塞莫

鍾 犍椎

幡柱 刺瑟胝

幢 脫闍

銀 阿路巴

琥珀 阿濕摩揭婆

車渠　牟娑洛揭拉婆

赤色珠　鉢摩羅伽

金帶　彌訶

金剛鑽　跋折羅

鳥獸類

龍　那伽

虬　叔叔邏

象　迦耶

犢子　娑蹉富羅

瑪瑙　摩羅伽隸

瓔珞　吉由羅

寶臺　曷刺怛那揭婆

蛟　宮毗羅

獅子　僧伽彼

牛　瞿摩帝

犀　朅伽

馬
獼猴
鷹
鴈
鷄
百舌
孔雀
鷲
龜

阿濕婆
摩斯咤
嘶那夜
僧娑
鳩鳩咤
舍羅
摩由邏
姑栗陀
毗囉拏羯車婆

鹿
兔
鸚鵡
雉
鴛鴦
鴿
鴟
鵰
鯨

蜜利迦羅
舍舍迦
腞陀
迦頻闍羅
斫迦邏婆
迦布德迦
阿梨耶
揭羅闍
摩竭

鰐　失收摩羅

花木類

樹　婆力叉

果　頗羅

胡桃　播囉師

栗　篤迦

花　布瑟波

柰花　末利花

白蓮　分陀利

六百八十

楊枝　鞞鐸佉噂

柰　菴羅

柿　鎮頭迦

李　居嚩迦

天花　弗把提

黃白色花　優鉢羅

青蓮　漚鉢羅

赤蓮	鉢特摩
黃色香花	瞻博 瞻蔔
香	乾佗羅耶
薰陸	杜嚕
龍腦	羯布羅
麝香	莫莫訶 伽婆
沉香	阿伽嚧
鬱金	茶矩磨
麥	迦師錯

黃蓮	拘其陀
藿香	迦算
蘇合	咄嚕瑟劍
茅香	突婆
白膠	薩闍羅婆
芸香	多揭羅
安息香	拙具羅
藕根	舍樓伽
木綿	睒婆

人事類

無上　阿耨多羅　一切自在　毗舍浮

寂默　牟尼　普賢　邲輸跋陀

觀世音　阿那婆羅吉低輸　自覺覺眾生　菩薩菩提薩埵

法　達磨　金剛　那羅延

不來　阿那含　無盡意　阿差末

天授　提婆達多　不休息　乾陀訶提

妙義　純陀　藥王　阿迦雲

出現　優陀夷　好賢　須跋陀羅

無着
圓滿
清辨
眞諦
護
勇健
疫鬼
無比
長大

阿僧伽
布刺拏
波毗吠伽
波羅末陀
波利
夜叉
羅刹連
阿斯陀
地嘌加

護法
自在
青目
救
衆多
臭氣
本性
堅固
一切施

達磨波羅
伊濕伐邏
賓伽羅
多羅
僧伽
伊羅
魔登伽
鉢健提
薩縛達

與
和悅
無憂
大術
能忍
無比法
授記
方廣
倒懸

尼毗迦
波斯匿
阿育
摩訶摩耶
索訶
娑婆
阿毗曇
和伽那
毗佛略
盂蘭

惡
未生
戰勝
思維
天堂
譬喻
因緣
未曾有
救倒懸

歌利
阿闍世
祇陀
末提希
殑伽
阿波陀那
尼陀那
阿浮達摩
烏藍婆拏

一切有	薩婆多
廣解	毗婆沙
慧	末底
清涼	尸羅
安忍	羼䏶提
智慧	般若
度彼岸	波羅密
道	末伽
觀	毗婆舍那

種種説	鼻婆沙
解脱	波羅密叉木
布施	檀那
忍辱	羼提
精進	毗梨耶 禪那
遠離	阿羅密
滅	尼樓陀
止	奢摩它
平等	憂畢叉

六百八十二

力
樂欲
有愧
禮拜
悲
静慮
護
解脱
善說

娑羅
薩婆迦摩
地底迦
那謨悉羯羅
迦樓那
馱那演那
三跋羅
目帝羅
娑婆訶

願
至誠
隨意
慈
無我
尋
無等等
不退轉
方便

尼坻
浮曇末
鉢刺婆刺挐
彌羅
阿檀
阿捺摩
毗怛迦
阿婆磨
阿鞞跋致
漚和俱舍羅

不生
第一義
善
不熱
障碍
一切
盡
義
句

阿耨波陀
波羅末陀
陀摩
荼闍宅
吒婆
娑娑
叉耶
阿施
波陀

坮
不
縛
語言
作者
寂滅
智
名
品

羅闍
那
謱陀
和波陀
迦邏
賒多
若那
那摩
跋渠

六百八十四

喜
善哉
梵燒
苦行
癡
欲
執持
真實心
遣去

都羅
娑度
闍維 荼毗
勤沙婆
慕何
阿羅伽
阿陀那
乾栗陀耶
入息般那

訖
奇哉
燒
嗔恚
命
諂曲
清淨識
遣來
有

喝薩
阿呼
陀呵
提鞞沙
何者毗 伽耶
奢佗
菴摩羅
阿那
出息烏波

無常
生死
危病
奇特
乞食
不正食
耎
佛頂
無

薩迦耶薩
末剌諦闍提闍迦
阿薩闍
阿奢理貳
分衛
佉闍尼
没栗度
烏瑟膩沙
阿

生
黃病
解脫處
受齋
正食
數術
細滑
妙法蓮花
上

佗那
摩羅
林微尼
烏晡沙它
蒲闍尼
僧伽論僧企耶
麗掣毗
薩達磨芬陀利
耨多羅

正三徧　三藐
覺　菩提
除一切熱惱鬱蒸　胡蘇多
善施　須達多
善吉　須菩提
無染　阿難
善歡喜　難陀

正三等　三藐
道　菩提
不可住　樗迦駿迦
無滅　阿那律
歡喜　阿難
不動　賓頭盧

廣記

明吳人慎懋賞輯

拂菻國疆里

拂菻國即大秦國古名客昔兒一名犂靬在西海上或云苫國西大葱嶺之上其國東至大食國西至海有暹散城東南至波斯搣力沙北至海地方萬里所屬凡數十國

拂菻至中國路程

東自大食于闐回紇抵中國唐書謂其去京師四

萬里

拂菻山川

水銀海元延祐間佛菻國来朝疑即拂菻國也備言其城當日沒處有水銀海周五十里國人取之先於近海十里掘坑井数十使健夫駿馬皆貼以金薄行近海邊海日照耀則水銀滚沸如潮而来勢若粘裹其人迴馬疾馳水銀随趕至若行稍緩人馬俱為水銀撲沒人馬既迴速水銀勢遠力微却復奔回遇坑井溜積其中然後旋取之用香草

同煎成花銀矣水銀中國亦產固非奇物術士輩往往煉之為藥銀然為力甚艱若彼國一煎而為花銀是殆其草藥之靈也

拂菻國統

拂菻古名客普兒即大秦國也在嘉峪關外萬餘里一曰海西國地方萬里城四百勝兵百萬唐貞觀十七年王波多力遣使獻赤玻瓈綠金精下詔答賚宋元豊四年其王滅力伊靈改撒始遣使來獻方物元祐中其使再至　本朝洪武四年詔遣其故民捏古倫往諭

六百八十七

其國國王乃遣使来朝并貢方物永樂中復遣使貢

拂菻制度

其國十里一亭三亭一置重石為都城廣數十里東門高二十丈釦以黄金王宫有三襲門皆飾異寶中門中有金巨稱一作金人立其端屬十二丸率時改一丸落以瑟瑟為殿柱水精琉璃為梲香木梁黄金為地象牙闔有貴臣十二共治國王出一人挈囊以從有訟書投衣中還省枉直國有大

災異輒廢王更立賢者廢者亦無怨國王冠如鳥翼綴珠衣錦繡色紅黃前無襟坐金藤榻側有鳥如鵝綠毛上食有毒輒鳴歲三月則詣佛寺坐紅床使人舁之貴臣如國主之服或青綠緋白粉紅褐紫並金線織綵布纏頭出騎馬刑罰罪輕者杖數十重者至貳百大罪則盛以毛囊投諸海不尚戰鬭小有爭但以文字往來相詰問事大亦出兵鑄金銀為錢無穿孔面鑿彌勒佛背為國主名禁民私造樂有箜篌壺琴小箄篥褊鼓

拂菻風俗

其國地甚寒其人類中國長大美皙男子剪髮衣繡右袒而披乘輜軿白蓋小車出入建旌旗擊鼓婦人錦巾綴以木難青珠家訾億萬者為上官無陶瓦屑白石甓屋堅潤如玉盛暑引水上流氣為風俗善飲酒嗜乾餅善織絡善舞唐人謂拂菻妖姿即此也有善醫能開腦出蟲以愈目眚有幻人峭鼻拳鬚長四尺餘能額上為炎燼手中作江湖舉足而珠玉自墮開口則幡旄亂出西海中有鬼

市主客和同我往彼去彼来我歸以直置諸物旁待領直然後收物

拂菻物産

千年棗波斯棗土人呼為鶻莽　巴欖　蒲萄酒

柰祗草苗長三四尺根大如鴨卵葉似蒜葉中心抽條甚長莖端有花六出紅白色花心黄赤不結子其草冬生夏死取其花壓以為油塗身除風氣拂菻國王及國内貴人用之　野悉蜜花苗長七八尺葉似梅四時敷榮其花五出白色不結子

花開時遍野皆香採其花壓以爲油塗體甚香滑亦出波斯國　阿勃參長一丈餘皮色青白葉細兩兩相對花似蔓菁正黄子似胡椒赤色斫其枝汁如油以塗癬疥無不瘳其油極貴價值千金

馬　獨峯駝　小狗髙六寸長一尺能曳馬嘟燭

寶狗大如狗獷悪而多力　土生羊拂菻北邑有羊生土中臍屬於地以刀割之必死其俗介馬而走擊鼓以驚之羔臍絶即逐水草然不能群

孔雀　翠鳥

金

銀

明珠

珊瑚海中有珊瑚洲海人乘大舶墮鐵網水底珊瑚初生磐石上白如霜一歲而黄三歲赤枝格交錯高三四尺鐵發其根繫網舶上絞而出之失時不取即腐

夜光璧

瑪瑙

木難

琥珀

大貝

硨磲

琉璃天下無比

海西布織水羊毛為之

狼揭羅國

狼揭羅國西北距拂菻西南際海島有西女種皆女子多珍貨附拂菻君長歲遣男子配焉俗產男不舉

御製頒賜拂菻國詔

洪武四年遣拂菻國故民捏古倫往諭詔

詔曰自有宋失馭天絶其祀元興沙漠入主中國百有餘年天厭其昏淫亦用殞絶其命華夏擾亂十有八年當群雄初起時朕為淮右布衣起義救民荷天之靈授以文武之臣東渡江左練兵養民十有四年西平漢主陳友諒東縛吴王張士誠南平閩越戡定巴蜀北靖幽燕奠安華夏復我中國之舊疆朕為臣民推戴即皇帝位定有天下之號曰大明建元洪武

於今四年矣凡四夷諸國皆遣告諭惟是拂菻隔越西夷未及報知今遣爾國之民揑古倫賫詔往諭朕雖未及古先哲王之德使四夷懷之然不可不使天下周知朕平定四海之意故兹詔示

六百九二

海國廣記

明吳人慎懋賞輯

默德那國

疆里

默德那回回祖國也其地接天方

默德那至中國路程

隋時自南海達廣州

默德那國統

默德那即回回祖國也初國王謨罕驀德者生而神

靈臣服西戎諸國尊號之為別諳拔爾猶華言天使云其教專以事天為本而無像設隋開皇中其國人撒哈八撒阿的幹葛思始傳其教入中國　本朝洪武元年　上改太史院為司天監又置回回司天監二年　上徵元回回曆官鄭阿里等十一人至京師議曆法占天象給廩賜服有差初回回人有入邊地者　上遣主事寬徹等往諭至西域諸國被別失八里國王拘留之詔留回回人於中國待使者歸然後遣還回回人稱久羈思家懇請還國　上曰逆人至情仁者不為也悉遣之還永樂

六百九十三

四年國主遣回回結牙思進玉碗永樂甲戌回回哈只馬哈沒奇等来貢方物因附載胡椒有司請徵其稅　上曰稅者國家以抑逐末之民豈以為利今夷人慕義遠来乃侵其利所得幾何而虧辱大体多矣不聽宣德中又隨天方國使臣来貢方物回回種類散流南北為色目人者甚多而有一種寄住哈密城內頗稱勁悍常隨哈密往来入貢後多叛哈密往從土魯番嘉靖中以土魯番舉兵皆回回誘引旋貢旋叛七八年来迄無寧歲諸臣奏疏悉指稱奸回云後

尚書王瓊撫處番酋進貢回人同貢至今不絕

默德那制度

其國有城池宫室市列其書體旁行有篆草楷三法今西洋諸國皆用之陰陽星曆精妙簡捷醫藥音樂各有其術其經三十藏凡三千六百餘卷

默德那風俗

寒暑應候民物繁庶風土與江淮不異地雖接天竺而俗與之異不供佛不祭神不拜尸所尊敬者惟一天字天之外敬先師孔子而已人尤重殺非同類殺

者不食禁用豕肉每月齋戒一月沐浴更衣居必異常處每日西向拜天國人尊信其教雖適殊域傳子孫累世不敢易今廣東懷聖寺有番塔創自唐時輪囷直上凡十六丈五尺日於此禮拜其祖淅江杭州回回堂亦崇峻嚴整為禮拜之處焉主其教者或往来京師隨路各回量力賫送如奉官府云製造織文雕鏤尤巧

默德那物產

稻　麥　粟

六百九十四

葡萄　火失刺把都草其形如木鱉子而小可治一百二十種證每證有湯引

蜜人回回國有七八十歲老人願捨身濟衆者絶不飲食惟澡身啖蜜經月便溺皆蜜既死國人殮以石棺仍滿用蜜浸鐫志歲月于棺蓋瘗之俟百年後啟封則蜜劑也凡人損折肢體食少許立愈彼中亦不多得俗曰蜜人番言木乃伊

聖鐵大如瓜子色紫碧微有朱砂光臨戎事密置衣領間可以辟兵或云雖胃力箭不能傷蓋鐵中之精

也

寶石回回石頭種類不一其價亦不一元大德間買
紅剌一塊重一兩三錢估直中統鈔一十四萬定呼
曰剌亦方言也今録其種類之名于後

紅石頭四種同出一坑俱無白水

剌淡紅色嬌　避者達深紅色石薄方嬌　昔剌
泥黑紅色　苦木蘭紅黑黃不正之色塊雖大石
至低者

綠石頭三種同出一坑

助把避上等暗深緑色　助木刺中等明緑色

撒卜泥下等帶石淺緑色

鴉鶻

紅亞姑上有白水　馬思艮底帶石無光二種同

坑　青亞姑上等深青色　你藍中等淺青色

屋撲你藍下等如水樣帶石渾青色　黄亞姑

白亞姑

猫睛

猫睛中含活光一縷　走水石新坑出者似猫睛

六百九十八

而無光

甸子

你捨卜的即囬囬甸子文理細　乞里馬泥即河

西甸子文理麄　荊州石即襄陽甸子色變

勿斯里國

勿斯里國有一十六州，周圍有六千餘里，有三百六十村，每村供國用一日，可足一年之食。其王白皙，纏頭，着番衫，出入乘馬，前有香馬三百疋，皆金鞍寶轡；有虎十頭，縻以鐵索，伏虎者百人，弄鐵索者五十人，持擂棒者一百人，臂鷹者三十人，又千騎圍護，有親奴三百，各带甲持劍，鳴鼓者百人，儀從甚都。有大塔，高一百丈，他國或兵侵，則舉國據塔以拒敵，上下可容二萬人，内居守而外出戰。

鷄籠國　淡水國

俱出硫黄杭人販舊破衣服換之俱硫土載至福建

海澄縣掘一坑加牛油做成

朝鮮廣記

明吴人慎懋賞輯

土魯番

疆里

土魯番一名土爾番。又曰古車師國。在火州西百里。古交河縣安樂城也。

土魯番山川

靈山在土魯番城西北百里。山最大。夷人言此十萬羅漢涅槃處也。近山有高臺。臺傍有僧寺。寺下皆石泉林木。從此入山。行二十里。至一峽。峽南有小土屋。屋南登山坡。坡有石屋。屋中小佛像五。前有池。池東有山。山石青黑。遠望紛如毛髮。夷人言此十萬羅漢洗頭削髮處也。猶（循）峽東南行六七里。登高崖。崖下小山纍纍。峰巒秀麗。羅列成行。峰下白石成堆。似玉。輕脆不可握。堆中有若人骨狀者。甚堅。如石。文縷明析。顏色光潤。夷人言此十萬羅漢靈骨也。又東下石崖。崖上石筍如人手足。稍南至山坡。坡石瑩潔如玉。夷人言此辟支佛涅槃處也。周行群山。約二十餘里。悉五色砂石。光焰灼人四面峻壑窮崖。天巧奇絶。草木不生。鳥獸鮮少。

貪汗山夏亦積雪。

崖兒城。在土魯番城西二十里。城僅二里。居民百餘家相傳故交河縣治。又云古車師國。

七百

土魯番國統

土魯番一名土爾番在火州城西百里唐交河縣安樂城也永樂十二年行在驗封員外郎陳誠使至其國宣德五年萬戶賽因帖木兒遣使貢馬及璞玉西域諸國惟此番最強盛且奸狡成化九年其酋速壇阿力作亂入哈密將其國王母并金印虜去奪佔其城上命都督李文通政劉文撫處十八年速壇阿力病故弟速壇阿黑麻立甘肅守臣乘間奏立王母之甥罕慎為都督遣使送入哈密弘治元年阿黑麻稱罕

慎非脫脫族，何得王哈密。哈密我當王。乃好語詒罕慎曰：吾為爾聯姻，爾為王，益安無外侮。罕慎許之。阿黑麻至哈密，誘罕慎頂經結盟，遂殺罕慎，據哈密。即遣使入貢，言罕慎病死國亂，乞遣大通事和番，立我為王，居哈密，領西域職。四年，遣哈密頭目瀉亦虎仙齎勑諭阿黑麻。阿黑麻以金印城池來歸，上厚賞之。兵部尚書馬文升言：哈密有回回、畏兀兒、哈剌灰三種，共居一城，種類不貴，不肯相下。北山又有小列禿、野乜克力數種強虜，時擾哈密，必得元遺孽嗣封理國事庶可慑服諸番乃立安定王族孫陝巴爲忠順王五年阿黑麻入哈密殺虜陝巴及金印去。内閣丘濬謂文升曰。哈密事重須公一行。文升曰。西域賈胡慣窺利。不善騎射。古未有西域能爲中國大患者。濬曰。有識言不可不慮。文升請行。諸大臣不可。勅兵部侍郎張海都督侯謙行視經略。乃遣哈密夷人以勅往諭阿黑麻。竟留不報。文升言土魯番恃其強悍。哈密奸回。又反覆欺負中國。不懲創之。彼益輕中國。請安置凴亦滿速兒等。閉嘉峪關。絶西域貢。令諸夷歸怒阿黑麻。當是時。西域諸夷皆言成化間我入貢。皇帝先遣中貴人送我河南至京。宴賜甚多。今皇帝不撫我。我泛海萬里貢獅子。謂我開海道。却不受。即從河西貢者。宴賞亦薄。我相率從阿黑麻且拒命。中國能柰我何。哈密奸回又附阿黑麻。阿黑麻遂復入哈密。自称可汗。諜言糾夷數萬攻肅州。且蹂甘州。報至。文升曰。彼虛聲挟我也。土魯番至哈密十數程。中經黑風川。哈密至苦峪。又數程。皆無水草。貢使往返皆馱水行。使我謹烽火。明斥候。彼至肅州。以逸待勞。縱兵一擊。使彼隻馬不返。已而阿黑麻西去。令頭目牙蘭以二百餘人據哈密。文升召肅州撫夷指揮楊翥至京問計。翥曰。此賊黠。非襲之不可。罕東至哈密有捷徑可進兵。兵可不旬日至。文升曰。余欲選罕東兵三千為前鋒。我兵三千殿後。各持數日熟食。兼程襲之。如何。翥曰善。八年。令河西巡撫許進副總兵彭清統精兵三千由南山馳至罕東。即調罕東諸番兵乘夜倍道襲牙蘭。是冬進。及總兵劉寧率兵至肅州候罕東兵不至。乃出大路。乏水草。行不能速。牙蘭詗知

四百〇二

遁去。我兵入哈密。斬首六十。得陝巴妻女。獲牛羊三千。哈密脇從者八百餘人。以歸。師還糧之。士馬亦多物故。然西域自知是畏中國。九年。阿黑麻又襲破哈密。十年秋。阿黑麻令人送陝巴還哈密。其兄馬黑上書言西域諸國不得貢。怨阿黑麻。今悔過。乞許與黑婁諸國入貢。及還寫亦滿速兒等。是冬。命總制王越經略土魯番哈密。十一年。越出河西取陝巴。至甘州。令哈密三種都督回回寫亦虎仙畏兀兒奄克索剌哈剌灰拜迭力迷失佐陝巴。復封為忠順王。取寫亦

七百〇二

滿速兒等發歸其國。時哈密三種人久苦土魯番。不順還。文升請許半留肅州。往來自便。十七年。哈密奸回阿孛剌有怨於陝巴。乃称阿黑麻次子真帖木兒為罕慎外甥。當襲罕慎王爵。乃往迎之。守臣令官舍董傑及奄克孛剌往哈密撫夷衆。諭迎陝巴還。阿孛剌不聽。必欲立真帖木兒為王。奄克孛剌與傑等擒殺阿孛剌等六人。守臣令都指揮朱瑄率兵送陝巴入哈密。送真帖木兒還土魯番。時阿黑麻已死。其子速壇滿速兒新立。諸兄弟相讐殺。真帖木兒懼。不敢歸。乃竊往甘州。正德元年。陝巴死。其子拜牙即嗣封。幼弱。守臣恐真帖木兒復來哈密。留之甘州。不遣。三年。番酋滿速兒與忠順王拜牙即乞討真帖木兒。兵部尚書劉宇不許。五年。真帖木兒走出甘州城。追而獲之。六年。守臣請歸真帖木兒。七年冬。詔差哈密三都督奄克孛剌寫亦虎仙滿剌哈三送真帖木兒回。真帖木兒久住甘州。深知風土。言其城南黑水可渡。番酋滿速兒乃謀侵犯中國。忠順王拜牙即又被奸回誘引與番酋滿速兒結好。遂往投順。土魯番番酋滿速兒乃令他只丁入哈密。取金印。明年正月。番酋滿速兒率衆分據剌木等城。日夜聚謀侵甘肅。又索段子萬萬疋贖城印。總制鄧璋乃請官經略。命兵部尚書彭澤總督軍務。澤請勅二道。一候有番使之便。賫諭番酋滿速兒還哈密城印。一諭哈密都督奄克孛剌因忠順王投番迯往甘州者令回國。與虎仙等守城。彭澤軍駐甘州十年。番酋滿速兒遣他只丁牙木蘭同虎仙馬力奶翁馬黒木等至肅州近邊搶掠。又寫番文称被赤斤搶了貢物。與他報讐。不敢侵犯甘肅。彭澤不察其詐。將前諭番勅書。不伺番使齎去。即措段絹褐布遣馬驥火信馬昇馬馴捧前勅二道同馬黑木虎仙等到哈密。邀他只丁同往土魯番。他只丁嫌賞薄。將所掠去赤斤銅印一顆付馬馴等。遣馬驥火信持回。添取賞賜。他只丁方同馬馴等至土魯番。將勅書原齎段絹等班賜。彭澤遂奏稱甘肅兵糧頗集。土魯番雖欲侵擾。決不可得。近又差官往諭歸還城印。地方安靜。火信等回甘州。納赤斤銅印。并報添取賞賜。彭澤又備羅段褐布共一千九百。銀壺銀盌銀臺盞各一副。令火信等復持往諭。澤遂奏遠夷悔過獻城印。詔取回京。火信又持添賜物件往彼。番酋滿速兒復嫌其少。虎仙自許段一千疋。他只丁五百。方允具本。復遣馬黑木隨赴京回奏將金印與虎仙城池暫令哈三守掌後哈密使人俄六思等送至番文称番酋索要虎仙前許段疋有哈密大小頭目共輳段一百疋。馬一百疋。牛一百隻。羊三百隻。交與他只丁。總督都御史李昆議称本番秉機射利。納欵希恩。宜量俯就。番酋又遣虎都寫亦他只丁亦差伊弟撒者兒等前来送印并押虎仙取段疋。李昆與鎮守太監許宣總兵徐謙因忠順王被拘未回。訪知虎都罵亦係番酋親信頭目。撒者兒係他只丁親弟。乃拘留為質。仍移檄番酋。賞織金綵段。洗白梭布。共三百件。令其送忠順王還國。正德十一年。虎仙續報金印已歸。城池未與。番酋索要段子。兵部議謂彭澤李昆皆奏城印已歸。今則謂止歸金印。他只丁尚在哈密索幣。恐虎仙與他只丁彼此隱瞞。要求重利。致生他虞。請行鎮巡等官從長議處。既不可峻拒激變。

亦不可示弱輕許。李昆許宣徐謙乃會奏請勅二道。曉諭番酋及他只丁。令忠順王還國。番酋以虎仙失信。并拘留夷使為詞。遣他只丁牙木蘭復佔哈密。兵備陳九疇因番酋侵犯。將前勅書二道停留。操練軍馬。相機剿殺。許宣史鏞李昆從其議。牙木蘭先令回子倒剌火者來探。被獲。又遣夷人斬巴思俄六思等帶馬駝牛羊假以傾賣為名。將番文往關內與思罕兒探信。既入關。陳九疇當捕思罕兒同斬巴思等下獄。番酋與他只丁遂擧兵至肄和寺及嘉峪關經平川墩九疇聞賊勢衆大。又恐城内寄住夷人變亂。將獄中番使斬巴思俄六思等杖死。賊攻開中截半坡二堡。殺死千百户傳成。又攻開大莊堡。殺死千户王標李昆等。亦恐甘州藏有姦夷内應。將虎仙撒者兒寫亦及各起夷人四十四名俱捕下獄。番酋遣朶撒哈及把都兒乞和。且稱俱是虎仙美禍。史鏞等訪得朶撒哈乃番酋親近頭目。拘留之。將把都兒放回。令其傳諭。將搶去軍馬器械人畜盡數送來。方總定奪。也先哥等人馬撲到瓜州將番酋留兵營帳攻斬首級二十一顆。失拜烟荅病死。賊起營西去。史鏞脅令鄭亷將存禮追至境外沙滸各斬賊首級。正德十二年正月。掣兵進議城。將番兵奪獲頭畜仍給番兵充賞。時添哥等亦至北山尾剌虜營將銀牌段布賜賞其頭目也力滿可并把吧等大喜聚衆往番奪其三城番酋回至王子莊得報痛哭而歸且怨恨牙木蘭失事也添哥還報亦獲回賊及達子首級許宣史鏞李昆奏捷上命給事中黄臣勘問虎仙問擬謀叛具奏虎仙許行肅州兵備再審奄克恐其脫放乃告虎仙及其丈人哈即搆引土魯番壞事今不正法恐貽後患時番酋行賂中朝嬖人錢寧謀改其獄且欲誣殺九疇以洩其忿乃令失拜烟答之子米兒馬黑麻直入東長安門捏奏伊父出城殺賊頭上中箭走回被陳九疇責打身死詔提解虎仙等到京會審正德十三年黃臣等奏勘過甘肅鎮巡官拘留夷使朶撒恰反虎仙等招由兵部尚書王瓊奏彭澤故違勅旨輕出講和又不候處置停當妄奏事已寧息陳九疇惟知講和之為非不思中變之為害擅議拘執夷使因

而激變李昆既聽彭澤之講和而奏討勅賞又因九疇之辨論而停留勅書持疑二端釀成大患上詔彭澤先革職為民李昆陳九疇及史鏞將存禮等損折官軍各提解到京問理嘉靖元年二月番酋遣夷使將方物慶賀進貢鎮守衙門奏行兵部議得不納恐失制馭蠻夷来則不拒去則不追之道詔土番番并撒馬兒罕等處差来夷使着分定起數陸續選委老成的當官員并送来京嘉靖二年虎仙復論斬罪死獄中王瓊謫戍彭澤以兵部尚書致仕李昆起為兵

部侍郎陳九疇亦以薦起用復爲甘肅巡撫都御史時土魯番復謀入寇後失拜烟答子米兒馬黑麻皆論死三年土魯番酋大舉入寇甘州上命金獻民兼都御史杭雄掛印充總兵官限三日内起程命御用監太監張忠監督軍務金獻民至蘭州諸番已爲九疇所敗出嘉峪關外有達賊二萬從南境進暖泉總兵姜奭戰却番賊亦遁去獻民奏捷班師詔起大學士楊一清提督陝西三邊軍務時年七十矣又詔土魯番糾衆謀奪地方聲勢衆大陳九疇與董文忠能

先事預圖臨機應變射殺王子大頭目三人驅逐回賊遠遁保全危城其功實與尋常不同寫勅奬勵賞賚是秋土魯番酋虎力納咱兒糾侵肅州遊擊將軍彭濬兵備副使趙載禦之退去八年土魯番貢獅子夷人至乞歸哈密通貢提督三邊兵部尚書王瓊奏言土魯番歸我哈密乞令失拜煙荅子米兒馬黑木守哈密放歸羈留各番貢使男婦凡千人安插沙州土巴帖木哥部夷五千四百人於白城山哈密都督乩吉孛剌部夷於肅州東關赤斤都督掌卜達兒子鎖

南東於肅州北山金塔寺罕東都指揮枝丹於甘州南山時胡世寧爲兵部尚書欲專守河西謝哈密無煩憊中國霍韜上議必欲復哈密議禮諸臣竟從瓊言世寧又言牙木蘭歸正人非叛虜者唐悉恒謀事可鑒遂留不遣其後哈密竟爲土魯番所據王瓊亟安揷諸衛夷落皆爲土魯番所逐失其故土住牧河西塞上北虜盤踞西海乞剌結巢北山河西三面皆有寇盜矣明年滿速兒遣虎力奶翁貢方物又索牙木蘭諜言諸番要約候虎力奶翁歸復侵肅州會虎

七百十

力奶翁歸道病死乜剌又攻土魯番我亦有隨稍得休息而來降人哈六剌言番酋欲以哈密城與都督米兒馬黑木毋管理兵部問請許其通貢著令三年或五年為期夷使雖多十二入京餘留塞上是後土魯番進貢哈密但附名以來耳十一年土魯番來貢稱王者十五人禮官夏言奏稱一國止許一人稱王若類答王號人與一勑自後各執賜勑率其部落貢不如期使不如數任意往來勢難阻絕竭我財力以役遠夷計亦左矣上從其言十二年先是番使馬黑

麻虎力奶翁等謝恩進貢住肅州鎮守太監陳浩令
家人王洪與番使買貨不給價值番使至京於兵部
前遇見王洪䂬告禮部自後邊臣不敢私取番貨云

土魯番制度風俗

其國城方一二里地平四面皆山氣候多煖少雨雪人皆壘居信佛法多僧寺土宜麻麥有牛羊瓜菓其餘及物産俱與火州同

七百十二

廣記

明吳人慎懋賞輯

哈密疆里

哈密即古伊吾廬地在漢燉煌郡北大磧之外為西域諸番往來要路其域東南至肅州一千五百里西至交州南至沙州北至瓦剌

哈密山川

天山在哈密城北一名雪山又名祁連山又名時

漫羅山又名祁漫羅山蓋虜語謂爲祁連也時漫羅也祁漫羅也皆天也匈奴過之必下拜通典元和志於張掖縣既著祁連山矣而伊西庭三州皆有此山則是自甘張掖而西至于庭州相去三千五六百里天山皆周徧其地

望鄉嶺嶺上石龕有漢李陵題字處

畏吾兒河沿河沙梛蓊鬱

平川河哈密王城在焉週三四里東北二門

哈密國統

哈密即漢匈奴右賢王之地也漢武帝傾海内之財始取之置酒泉張掖燉煌三郡西至玉門關外去中國數千里至光武時乃閉關以謝西域後魏始置伊吾郡後又為胡戎所據唐太宗好大喜功斥地極遠西域諸番入貢極盛置西伊州五代時號胡盧磧小月氏遺種居之宋時猶有唐封伊州將陳姓者至元朝封族子忽納失里者為威武王居哈密已而改封肅王卒弟安克帖木兒嗣洪武

衲。置甘州五衛於張掖。肅州衛於酒泉。衛外七十里建嘉峪關以限華夷。置涼州衛於武威西寧衛於湟中又置山丹永昌鎮番莊浪四衛高臺鎮夷古浪三千户所。自陝西蘭州渡河千五百里至肅州。皆屯兵據守。外控番夷。七年故元定王亦板丹来貢關外又置安定阿端二衛永樂二年置赤斤蒙古千户所四年故元威武王安克帖木兒來貢改封忠順王居苦峪城始建哈密衛後改赤斤蒙古千户所為衛又置曲先罕東罕東左三衛在沙州以上各衛皆在哈密之東肅州之西土魯番在哈密西一千五百里乜刺達子在哈密北百餘里西域入貢者三十八國皆經過哈密。凡入貢方物。悉令至彼譯表轉達。三年。哈密忠順王安克帖木兒為其下兒力赤毒死。無嗣。其兄子脫脫幼俘入中國。命襲王爵。賜以金印、玉帶。遣使送還其國。管轄三種夷人。一種回回。一種畏兀兒。一種哈剌灰。俱生達。各授頭目為都督等官。輔守疆土。與赤斤罕東二衛共作中國藩籬。四年。賜王及其祖母速哥失里母妃從母綺幣有差。是年速哥失里逐脫脫。上勅諸酋復立脫脫為王六年脫脫暨祖母各遣使朝貢九年脫脫卒勅都指揮哈納為都督僉事守哈密是年封免力帖木兒為忠義王賜印誥玉帶守哈密後卒從父子孛羅帖木兒嗣仍封忠順王賜誥印十二年行在驗封員外郎陳誠奉使至其國洪熙元年貢硫黃上謂從前不聞哈密產此物先帝時亦不曾有進虜中既有硫黃則制造火器不難猝遇戰鬬亦須有備勅大同宣府總兵知之成化初孛羅帖木兒被頭目者林謀害無嗣王母主衞事正統四年貢玉求紵絲與四表裏天順四年貢賜紙金箔薑桂茶礬三年以忠順王外孫爲都督賜銅印金幣九年被土魯番酋鎖擅阿力虜王母及金印以去國人離散兵部言哈密實西域諸夷咽喉之地若棄而不救竊恐赤斤蒙古罕東曲先安定苦峪沙州等衞亦爲土魯番所脅則我邊之藩籬盡撤而甘肅之患方殷十八年甘肅守臣乗阿力死其弟阿黑麻新立遣罕慎領番兵復取哈密

七百十五

奏封忠順王。罕慎嗜酒貪殘。國人怨恨。弘治元年。阿黑麻誘殺罕慎求和。以主哈密。詔不從其請。但許入貢。且降璽書。遣哈密頭目寫亦虎仙往賞賜諭令歸金印城池。特王母已故。四年畨酋遂以金印城池歸。朝議求元之遺孽曲先衛安定王千奔陜巴襲封為王。送至哈密。五年。土魯畨入哈密城。殺阿木郎。復虜陜巴及金印去。令頭目牙木蘭佔據哈密。六年命兵部尚書張海都督僉事侯謙經略。七年海謙歸奏。上怒其不進圖本又無功而還。

皆下獄。土魯番聲言攻肅州城。馬文升欵遣兵襲殺牙木蘭。都御史許進貪功。不如兵部成筴。親率鎮兵至肅州。屯於嘉峪關外。候罕東兵不至。賊將牙木蘭預知遁去。僅得空城。斬首踰四十。及陝巴妻女還。然亦威振西土。且絕貢乏茶齎用番酋乃將印及其王送於甘州。十八年。哈密屬夷阿孛剌等誘番酋阿黑麻次子真帖木兒來據哈密。陝巴棄城帶印奔沙州。鎮巡官奏遣指揮董傑同奄克至哈密。將阿孛剌等擒殺。復將陝巴送回。正德元年陝巴卒。子速壇拜牙即襲為忠順王。淫酗不道。虎仙送真帖木兒回番時。與番潛謀。誘其王云。番主怪爾行事不公。且來殺爾。可先投免禍。忠順王懼。乃欲往投順。奄克不從。王持刀殺之。奄克逃至甘州。具告其情。哈即乘機誘王往歸土魯番。當被拘留。哈即先回國。時番酋阿黑麻已死。其子速滿兒嗣位。隨令頭目火者他只丁同虎仙滿刺哈三領兵佔據哈密。鎮巡官遣撫夷千戶馬驥前往探聽。虎仙乃曰。城池金印在他人之手。我豈敢言奉誰為王。及称土魯番要犯甘肅。九年番酋。移書甘州守臣。索段疋一萬贖哈密城印。且欲速遣前貢使還本國。總制鄧璋以聞。命起致仕兵部尚書彭澤往經略。澤至甘肅。謂番酋可以利啗。遣通事火信馬馴賚段疋二千。同虎仙往贖城印。火信等猶未至番境。澤奏西夷事寧。既而又奏番酋畏威悔禍。獻還城印。遂取澤回京。火信等至番。賜幣番酋嫌其賞薄。虎仙仍許增一千五百疋。後番酋速滿兒復佔哈密。十年正月。虎仙陰聽番酋同他只

七百十七

丁馬黑木来肅州近邊。搶掠王子庄岩峪赤斤等處。四月。朝議差馬馴同奄克虎仙賫送勅書并賞賜至番。撫取城印。奄克懼番酋讐殺。行至大草灘。托疾存住。番酋受賜。先將城池交與滿剌哈三掌管。將金印交與馬馴等。及差馬黑木帶領夷人哈册等將方物寶石馬匹謝恩。又遣虎都寫亦監押虎仙取討前許段疋虎仙推称伴送公使避住甘州。六月。番酋又佔哈密城。十一年四月。牙木蘭謀刼甘州。令夷人斬巴思等以書約阿剌思罕待番兵至時。即與甘州關廂寄住回子放火開城。斬巴思等藏番書入關被獲。土魯番隨寇嘉峪關。射死參將芮寧。甘州大亂。兵備陳九疇遂殺斬巴思等八人。番酋尋又求和。歸罪虎仙。遂西去。九疇乃以捷奏上。詔科道官往勘。擬虎仙謀叛律。虎仙納賄倖臣錢寧。揑詞具奏。法司會問。改擬奏事不實罪。虎仙與馬黑木姪婿米兒馬黑麻遂交結於寧。俱送會同館安歇。虎仙等巧為蠱惑。誘引上幸會同館。虎仙等夤緣。俱賜從朱姓。傳陞錦衣指揮。隨駕南征。生事害人。十二月。聖駕到京。虎仙等仍住會同館。十六年四月。武宗崩。世宗嗣位。上詔虎仙交通土魯番。興兵搆怨。攪擾地方。以至哈密累世受害。罪惡深重。既而夤緣脫免。錦衣衛還拏送法司。查照原擬問奏定奪。法司題稱虎仙以西域狡夷。濫膺朝廷品爵。不思匡輔哈密。乃潛通土番。攪擾地方。交結權臣。傳陞近侍。蠱惑先帝。罪死。虎仙尋斃於獄。番酋以復讎為名。聚衆三萬。深入甘州。屠戮甚慘。廷議絕之。閉關三年。乃復求貢。以頭歸哈密城池金印爲誑。而于木蘭復與番酋相忤。乃擁衆来降。時提督三邊尚書王瓊力主與復哈密。且請撫馭散亡屬番以安邊境。上從之。自王瓊撫屬之後。哈密稍稍自立。今復爲土魯所併。朝貢止附名云

哈密貢物

馬　駝　玉　速来蠻石　青金石　把咱石

金剛鑽　梧桐鹻　鐵器　諸禽皮等物

七百二十

哈密制度風俗

其王稱速壇。人僅數百户。顧非一種。回回韃靼畏兀兒雜處。故衣服異制。飲食異宜。大畧獷悍好利則一也。西域諸國入貢。經哈密。必索買路錢。乃放出入。其北多大山。東西南皆平曠多鹻鹵。耕種亦用糞壤。

哈密物産

麥　穄米　豌豆　楸子　香棗　胡桐律樹似桐不類桑蟲食其樹而沫出下流者名胡桐淚言

似眼淚也可以銲金銀俗訛呼淚為律

馬　槖駝　大尾羊尾大者重三斤小者壹斤肉如熊白而甚美

速來蠻石　青金石　把咱石　玉　陰牙角

鑌鐵有礪石謂之喫鐵石剖之得鑌鐵

正德八年哈密衛大小頭目卜兒罕虎力恭
政右頭目也冩克左頭目虎都六馬黑麻等番文
速壇拜牙即害人。每家奪麥三石。肥壯牛羊都奪
了殺喫。又要去肅州下劄册。把麻穀霜打了。劄册小圓
石西夷能用作雲雨霜雪到晚間。土剌上不睡下來人家好婦
女強姦。衆人與都督奄克孛剌說了。他腦着。穿上
盔甲。要殺奄克孛剌慌了。走出城外土剌上坐了
三日。往肅州來了。有甘州差卜兒罕虎力馱十箇
段子。四十箇梭布。與他嬿以。每家要梭布一疋。又

七百廿一

要馬十匹。不順中國。投土魯番去。要領人馬來搶甘肅王子知他壞事寫亦虎仙們央火者他只丁勸正了。著他三人來守哈密。大人每快些兒送著人來做主。

嘉靖八年正月哈密滿剌米牙番文

我小的滿剌米牙把總制老爹們言語傳與達壇滿速兒了。他回話說。犯邊的不在我身上起。因是陝都堂來。如今總制老爹來了。我們上多可憐見著恩顧了。我在前幹的歹事也悔了。以後再也不

七百廿二

幹了。虎力納咱兒問了罪了。我小的滿剌米牙說因你為歹。死了多少生靈。你那一世。天根前怎麼回話。王子犯領頭咬着哭了。我再犯邉時。天也不容

送陳司封使哈烈　曾棨

旌斾翩翩拂曉霞，遠傳　天語度流沙。攬轡馬援心猶壯，投筆班超髮未華。路出玉関朝仗節，水通銀漢夜乘槎。西行正值蒲萄熟，醉卧凉州第幾家。

七百廿四

廣記

明吳人愼懋賞輯

火州

疆里

火州本漢車師前後王地即唐交河蒲類二縣也在嘉峪關外一月程其域東距哈密至柳陳城七十里西連亦力把力至土魯番壹百里南至于闐國北抵瓦剌

中國至火州旱程

由肅州向西北行壹月程至其地往者先至陽關後至玉門關

火州山川

火焰山常有烟氣夕則光照禽鼠　天山又名盧山又名寘顏又名祁連山非有二也彼人謂天曰祁連寘音顛即盧山也寘與天聲相近

蒲類海漢張騫度玉門至此　瀚海地皆砂磧大風則行者人馬相失　交河

火州國統

火州本漢車師前後王地前王治交河城即唐交河縣去長安八千里後王治務塗谷即唐蒲類縣去長安九千路漢元帝時置戍己校尉屯田於前王庭以其地勢高敞名高昌壘壘有八城其後闞伯周麴嘉自稱高昌王於此自後魏至隋皆来貢獻唐太宗貞觀中平高昌以其地置西州又置都督府初西突厥據車師後王地與高昌相影響及高昌平懼而来降以其地置庭州領金滿蒲類輪臺三縣長安初置安西北庭都護府天寶初改西州為交河郡領交河柳

中蒲昌高昌五縣後沒於土番其地有回鶻雜處故亦稱回鶻宋建隆間西州回鶻遣使來貢太平興國中命王延德等使高昌至雍熙初還景德初又遣使來貢元時號畏兀兒部隸馬木八　本朝名其地曰火州永樂七年酋長遣使朝貢　上遣行人陳誠與戶部主事李暹招撫西域諸夷亦至其地風物蕭條市里民居僧堂過半亦皆零落宣德五年酋長哈散及柳陳城即唐柳中縣萬户瓦赤剌等俱遣使貢馬玉璞等物成化中土魯番作亂驅掠其族自後屢

被番兵部落散亡嘉靖三年土魯番復擁之犯邉迄無寧歲至嘉靖七年兵部尚書王瓊撫處土魯番許共通貢西鄙諸夷乃得畜牧火州族亦克保聚至今修貢不絶

火州制度

其國有城榔城方十餘里房屋覆以白堊用唐開元七年曆以三月九日為寒食冬至貳社亦然稅則計田輸銀或布兵器有弓箭刀楯甲矟

火州風俗

其地近北地卑下山色如火天氣多熱其俗因唐時入職方頗類華夏其人面貌類高麗有裙袴頭髻或辮髮垂之於背婦人亦然出戴油帽謂之蘇暮遮婚姻喪葬皆大同於華事天神信佛法貴人食馬餘食羊及鳧鴈樂多琵琶箜篌好騎射居民春月遊者馬上持弓矢射諸物謂之禳災以銀或鍮石爲筒貯水激以相射或以水交潑爲戲謂之壓陽氣去病

火州物產

胡桃　蒲桃　刺蜜羊刺草上生蜜味甚佳　胡桐

七百廿七

律　阿魏有草根株獨立枝葉如盖臭氣逼人生取其汁熬膏名阿魏　陰牙角　速霍角

馬　槖駝　蠶　沙鼠大如兎鷙禽捕食之

盌有五色白者如玉赤者如朱　硇砂

鑌鐵

白氎布野蠶結繭苦參上絲如細纑取織為布用以市易

火州貢物

馬　駝　玉石　鑌鐵刀　鑌鐵銼　各色靶小刀

金剛鑽　梧桐鹼　羚羊角　鐵角皮　紅絹道

布　柳青撒哈剌禪衣　鞍子　撒袋　花手巾

廣記

明吴人慎懋賞輯

亦力把力疆里

亦力把力在沙漠曰山南都延城古龜兹地也元名別失八里其地東至古沙州西至撒馬兒罕南至于闐北至氈剌東南至嘉谷関三千七百里凡東西三千里南北二千里

亦力把力山川

白山土人名阿竭山穴中有火烟產硇砂採者着木

底鞋往取若着皮鞋底即燋爛下有穴生青泥出穴外即沙石土人取以治皮　葱嶺高数百丈土人名極嶷山　金嶺即小雪山也山有積雪　熱海

亦力把力國統

亦力把力即龜兹國也一曰丘兹唐祖時其王蘇伐勃駃遣使入朝太宗貞觀四年嗣王蘇伐疊遣使獻馬賜璽書撫慰後太宗命郭孝恪伐焉耆國龜兹以兵援之自是不復朝貢蘇伐疊死弟訶黎布失畢立二十一年兩遣使貢然帝怒其佐焉耆叛議討之乃

以阿史那社尔為崑丘道行軍大總管契苾何力副之率安西都護郭孝恪等發鐵勒十三部兵十萬討之社尔分五軍掠其北執焉耆王阿那支龜茲大恐酋長皆棄城走社尔窮躡六百里龜茲王計窮保撥換城社尔圍之閱月執王及其大將羯獵顛其相那利夜遁以西突厥兵并國人来戰郭孝恪及子死之既而那利兵又敗被執社尔凡破五大城遣使諭降小城七百餘西夷震懼社尔立龜茲王弟葉護主其國勒石紀功書聞帝謂群臣曰夫樂有幾朕嘗言之

土城竹馬童兒樂也餝金翠羅紈婦人樂也貿遷有無商賈樂也高官厚秩士大夫樂也戰無前敵將帥樂也四海寧一帝王樂也朕今樂矣遂徧觴之初孝恪之擊焉耆也龜茲有浮屠善數曰唐家終有西域不數年吾國亦亡高宗復封訶黎布失畢為龜茲王與那利羯獵顛俱還國後二人叛其主高宗復囚那利詔楊冑發兵誅羯獵顛以其地為龜茲都督府更立其子素稽為王西域悉平上元中素稽獻銀頗羅名馬天授三年王延田跌來朝開元七年王白莫苾

死子多帀立改名孝節卅八年遣弟孝彖來朝元初分建諸王合冊於此國名別失八里世祖立宣慰司以萬户綦公直為宣慰使後置元帥府領屯田　本朝洪武二十三年國主里的兒火者遣使貢馬二十四年遣主事寬徹御史韓敬評事唐鉦以書諭別失八里黑的兒火者徹等至國主拘留之副使二人還三十年遣書諭之永樂四年國主沙迷查干遣使貢玉璞等方物十一年遣吏部員外郎陳誠使其國十六年其臣速哥克剌滿剌入貢言其主納里失只罕

七百三十

為從弟不一思弑之而自立更號亦力把力宣德中遣行人蕭鑾往報至其地宣詔諭之正統二年國主也先不花遣使貢玉璞駝馬天順以後亦修朝貢

亦力把力制度風俗

其王髡髮貫耳戴罩剌帽揷鷄鳥翎衣禿袖衫設絲繡氊帳席地而坐相見惟行跪禮服用汚穢上下無紀律地多霜雪無房屋逐水草俗獷戾善歌樂旁行書責浮圖法歲朔鬬羊馬槖駝以卜歲盈耗衣服類回回言語類畏兀兒五谷稀少飲食惟肉酪大略葱嶺

以東俗喜濡龜茲于闐皆置女肆征其錢

亦力把力物産

麥　麻

葡萄　剌蜜　阿魏

馬　犂牛　橐駝

孔雀　氍毹

黄金　銅　鉄　鉛　胡粉　硇砂　雌黄

白氎布

七百卌一

洪武二十三年報別失八里王黑的兒火者書

朕觀普天之下后土之上有國莫知其幾雖限山隔海殊方異類之民咸躋仁壽而友邦遠國順天奉大以保國安民皇天監之亦克昌焉曩者我中國宋君奢縱怠荒姦臣亂政天監否德於是命元世祖肇基朔漠入統華夏生民賴以安静七十餘年至於後嗣不修國政大臣非人紀綱盡弛致使在野者強凌弱衆暴寡生民嗟怨上達於天簡在帝心以革命新民朕當大命躬握乾符以主黔黎凡諸亂雄擅聲教違

朕命者兵偃之順朕命者撫存之是以華夏奠安惟元臣孽子哈剌章等尚率殘兵於近塞生釁寇邊為民之巨害遣兵致討勢不容已兵至捕魚兒海故元諸王駙馬及其部屬悉來降附其間有稱自撒馬兒罕等處來貿易者凡數百人遣使送歸本國今三年矣使者歸爾別失八里王即遣使來貢朕甚嘉焉王其益堅事大之誠通好往來使命不絕豈不保封國於悠久乎特遣使嘉勞其悉朕意

洪武三十年諭別失八里王黑的兒火者書

朕即位三十年西方諸國商人入我中國互市邊吏
未嘗阻絶朕復勑吾吏民不得恃强侵慢番商由是
爾諸國獲厚利疆埸無擾是我中國有大惠於爾諸
國也向者撒馬兒罕遣使入貢吾朝廷亦以其知事
上之禮故遣寬徹等使爾諸國通好往來撫以恩信
豈意拘吾使者不遣吾於諸國未嘗拘留使者一人
而爾拘留我使豈禮也哉是用遣使賫書往諭使知
朝廷恩意毋使道路閉塞而啟兵端也書曰怨不在
大亦不在小惠不惠懋不懋爾其惠且懋哉

加異勒國

夏剌比國

魯密國

八可意國

剌撒

千里達

急蘭丹國

窟察尼國

彭加那國

黑葛達國宣德七年至

不剌哇

沙里灣泥以上俱永樂中遣使朝貢並見大明會典

奇剌泥國

烏涉剌踼國

捨剌齊國

坎巴夷替國

喃渤利

七百卅五

海國廣記

明吳人愼懋賞輯

安南

疆里

安南都統司古交趾國也宋元以來俱國今為都統司其地東至東海叁百貳拾里西至雲南老撾宣慰司伍百六拾柒里南至占城國界壹千玖百里北至廣西思明府憑祥縣界肆百里凡東西壹千柒百里南北貳千捌百里

廣西至安南陸路宋朝多行此道今奉使者亦

由憑祥州鎮南關入　廣西入安南凡三路

一路從憑祥州入者由州南關隘壹日至安南之文淵州坡壘驛復經脫朗州北壹日至諒山衛又壹日至温州之北隘經半日至鬼門關又壹日經温州之南新麗村經二十江壹日至保禄縣半日渡昌江又壹日至安越縣南市橋江下流北岸

一路由思明府入老過摩天嶺壹日至思陵州過辦強隘壹日至禄平州州西又路壹日半至諒山府若

從東南行過車壬江此江永樂中黎季犛堰之以拒王師後偵知其堰處乃決之以濟師壹日半至安慱州又壹日半過耗軍峒山路險惡又壹日至鳳眼縣至此又分貳道　壹道壹日至保祿縣亦渡昌江又一道入諒江府亦壹日至安越縣之南市橋江北岸各與前道會

一路從龍州入者壹日半至平而隘又壹日至七源州貳日至文蘭平茄社　至此又分二道　壹道從文蘭州壹日經右隴縣北山徑出鬼門關平肆拾里

渡昌江上源經右隴之南沿江南岸而下壹日至世安縣平地至安勇縣又壹日亦至安越縣之中市橋江北岸　壹道從平茄社西壹日半經武崖州山徑貳日至司農縣平地又壹日半亦進至安越縣之北市橋上流北岸市橋江在安越縣境中昌江之南諸路總會之處隨處皆可濟師壹日至慈山府又至東岸嘉林等縣渡富良江以入交州

雲南至安南陸路元朝及本朝始開此道　雲南入安南凡二路

七百卅七

一路從蒙自縣經蓮花灘入交州之石隴關下程瀾峒循洮江源右岸四日至水尾州又捌日至文盤州又伍日至鎮安縣又伍日至夏華縣又叁日至清波縣又叁日至臨洮府洮水即富良江上流其北為宣光江南為沱江所謂三江者也臨洮貳日至山圍縣又貳日至興化府即古多邦城自興化一日至白鶴神廟三岐江又肆日至白鶴縣渡富良江

一路從河陽隘循洮江左岸拾日至平源州又伍日至福安縣又壹日至宣江府又貳日至端雄府又伍

日至白鶴三岐江然皆山徑欹側難行其循洮江右岸入者地勢平夷乃大道也

廣東至安南水程　海口入路凡數處伏波以來行之

廣東海道自廉州烏雷山發舟北風順利壹貳日可抵安南之海東府

若沿海岸以行則烏雷山壹日至永安州白龍尾白龍尾貳日至王山門又壹日至萬寧州萬寧州壹日至廟山廟山壹日至屯卒巡司又貳日至安南海東府

自海東府貳日至經熟社又石堤陳氏所築以禦

七百卅八

元兵者又壹日至白藤海口過天寮巡司南至安陽海口又南至塗山海口又南至多漁海口各有支港以入交州

自白藤而入則經水棠東潮二縣至海陽府復經至靈縣過黃徑平灘等江

自安陽海口而入則經安陽縣至荊門府亦至黃徑等江由南策上洪之北境以入

自塗山而入則取古齋又取宜陽縣經安老縣之北至平河縣經南策上洪之南境以入

自多漁海口而入則由安老新明二縣至四岐遡洪江至快州經鹹子關以入

多漁南為太平海口其路由太平新興二府亦經快州鹹子關口由富良江以入此海道之大略也交州之東有海陽荊門南策上洪下洪順安快府等府去海頗遠各有支港穿達迤邐數百里大艦不能入故交人多平底淺舟以便入港云

安南等處承宣布政使司　按察司　都指揮使司　俱永樂四年建設於交州府至宣德

七百廿九

二年罷

文州府領五州拾叁縣　慈廉州　福安州　威蠻州　利仁州　三帶州　東開縣　慈廉縣　石室縣　英留縣　清潭縣　清威縣　應平縣　平陸縣　利仁縣　安朗縣　安樂縣　扶寧縣　立石縣

北江府領三州七縣　嘉林州　武寧州　北江州

嘉林縣　超類縣　細江縣　善才縣　東岸縣

慈山縣　善誓縣

諒江府領二州十縣　諒江州　上洪州　清遠縣
那岸縣　平河縣　鳳山縣　陸那縣　安寧縣
保祿縣　古隴縣　唐安縣　多錦縣
諒山府領七州五縣　上文州　下文州　七源州
萬涯州　廣源州　上思州　下思州　丘溫縣
鎮夷縣　淵縣　丹巴縣　脫縣
新安府領四州十三縣　東湖州　靖安州　南策
州　下洪州　至靈縣　岐山縣　古費縣　安老
縣　水棠縣　支封縣　新安縣　和同縣　利縣

七百四十

萬寧縣　雲屯縣　西岐縣　清沔縣
建昌府領一州六縣　快州　建昌縣　布縣　真利縣　東結縣　芙蓉縣　永涸縣
鎮蠻府領四縣　延河縣　太平縣　古蘭縣　多翼縣
奉化府領四縣　美祿縣　西真縣　膠水縣　順為縣
建平府領一州六縣　長安州　懿安縣　大懿縣　安本縣　望瀛縣　安寧縣　黎平縣

三江府領三州五縣　北江州　宣江州　沱江州
麻溪縣　夏華縣　清波縣　西蘭縣　古農縣
宣化府領九縣　曠縣　當道縣　文安縣　平原
縣　底江縣　收物縣　大蠻縣　楊縣　乙縣
太原府領十一縣　富良縣　司農縣　武禮縣
洞喜縣　水通縣　宣化縣　弄石縣　大慈縣
安定縣　感化縣　天原縣
清化府領四州十一縣　九真州　愛州　清化州
葵州　安定縣　永寧縣　古藤縣　梁山縣

東山縣　古雷縣　農貢縣　宋江縣　俄樂縣
磊江縣　安樂縣
又安府領四州十三縣　驩州　南靖州　茶龍州
王麻州　衙儀縣　友羅縣　丕祿縣　士油縣
偈江縣　真福縣　古社縣　土黃縣　東岸縣
石塘縣　奇羅縣　盤石縣　河華縣
新平府領二州三縣　政平州　南靈州　衙儀縣
福康縣　左平縣
順化府領壹州十一縣　順化州　利調縣　石蘭

縣　巴閬縣　安仁縣　茶偈縣　利逢縣　乍令
縣　思蓉縣　蒲苔縣　蒲浪縣　士榮縣
升華府領四州十一縣　升州　華州　思州　義
州　黎江縣　都和縣　安蒲縣　萬安縣　具熙
縣　禮悌縣　持羊縣　白烏縣　義純縣　鵝盃
縣　溪錦縣
廣威州領二縣　麻籠縣　美良縣
宣化州領三縣　赤土縣　車来縣　垷縣
嘉興州領三縣　籠縣　蒙縣　四忙縣

歸化州領四縣　安立縣　文盤縣　文振縣　水尾縣

演州領三縣　瓊林縣　茶清縣　芙蓉縣

　已上五州俱直隸安南布政司

安南僭制以交州為東都建設五府六部六寺御史臺通政司五十六衛四城兵馬等衙門附郭府一曰奉天府縣二曰廣德縣永昌縣

其西都今為清華承政司古齋本登庸故鄉無城郭以鐵力木作排柵三層為外衛登庸所自居也外分

道十三設承政司　憲察司　總兵使司

十三承政司

安邦承政司即交州地領一府　海東府

海陽承政司即新安地領一府　海陽府

山南承政司即諒江建昌奉化鎮蠻建平地領十一府　上洪府　下洪府　天長府　廣東府　應天府　荊門府　新興府　長安府　溢仁府　平昌府　義興府

京北承政司即北江諒江地領四府　北河府　慈

山府　諒江府　順安府
山西承政司即交州三江嘉興歸化地領六府　歸
化府　三帯府　端雄府　安西府　臨洮府　沱
江府
諒山承政司即諒山地領一府　諒山府
太原承政司即太原地領三府　太原府　富平府
　通化府
明光承政司即宣化地領一府　宣光府
興化承政司即廣威州地領三府　興化府　廣威

府　天關府
清華承政司即清化地領四府　紹天府　鎮寧府
蔡州府　河中府
乂安承政司即乂安演州地領八府　乂安府　肇
平府　思乂府　奇華府　德先府　演州府　北
平府　清都府
順化承政司即順化秋華領三府　順化府　英都
府　昇華府
廣南承政司即廣南領三府　廣南府　荼麟府

五麻府

安南山川

佛跡山在交州府上有仙人跡下有一池景物清麗為一方勝槩　勾漏山在石室縣　東究山在北江府唐刺史高駢建塔其上　仙遊山在北江府一名爛柯山相傳有樵夫觀二仙奕棋於此不覺斧柯已爛　金牛山在武寧縣唐刺史高駢欲鑿其山見金牛奔出遂止金牛往往夜見光耀十里　安子山在新安府漢安期生得道處宋海嶽名山圖以此山為

七百四十四

第四福地　雲屯山在新安府大海中两山對峙一水中通蕃國商泊多聚於此　大圖山在新安府永樂十六年獲白象二来獻　戲馬山在清化府永寧縣巍然獨立横枕長江為邑人九日登高處　安鑊山在清化府出美石漢豫章太守范甯嘗遣使於此採石為磬　天琴山在乂安府陳氏主遊此夜聞天籟聲故名本朝永樂初天兵擒黎賊子蒼於此　艾山在嘉興州上有仙艾每春開花雨後漂水群魚吞之便過龍門江化為龍　海環交州等府東南

安南山川

佛跡山在交州石上有巨人跡　句漏山在石室縣　東歷山在北江府加林縣　仙遊山武寧縣

金牛山武寧縣　崑山鳳山縣　五[illegible]山丹巴縣　安子山東潮縣

雲屯山云屯縣　大圓山新安縣　鳳翼山夏華縣　三島山宣北府楊縣

芭山太原弄石縣　隴山洞喜縣　戲馬山永寧縣　安護山東山縣

大琴山奇縣　横山　傘圓山　艾山

武寧山　普賴山　萬刼山　傑峙山

崩山　地觀山　天養山　武林洞

神投山　龍岱岩　文塢山　卞山

東山　驅儺山　立石山　陀伎山

香象山（出香犀象）　崇山　分山　金牛山

都隆嶺　海　富良江　天德江

瀘江　來蘇江（舊名蘇歷）　三帶江　宣光江

海潮江　龍門江　夜澤　龍溪

天威徑　東津渡　大惡江　婆呂渊

慈廉水　越裳苑　九得苑　分山（一云製衣山安南占城以山為兩国界俗傳草木亦分南北而俯）

来蘇江（江有五橋皆隳永樂初工部尚書黃福重浚）

龍門江（在加興州蒙縣漢書封溪縣有隄防龍門水即此源出雲南寧遠州至此橫絶江流分三道飛湍声聞百里舟过）

七百四十六

必發上岸方可復行傍有穴多出鸚鵡魚色青綠口曲而紅似鸚鵡嘴相傳此魚能化龍去古載交阯茄寧縣有龍門水深百潯大魚登此化為龍不得則曝顋点額

富良江　龍門江在嘉興州飛瀑聲聞百里舟過此必舁上岸方可復行傍有穴多出鸚鵡魚色青綠口曲而紅似鸚鵡嘴相傳此魚能化龍　龍溪在鎮二府昔陳氏夜過此江不能忽見一橋跨江既渡回視不見及有國改名龍溪

安南國統

安南古交趾也宋元以來俱國今為都統司秦時為象郡後屬南越王趙佗漢武帝平南越置交趾九真日南三郡東漢時女子徵側反光武遣馬援討平之

立銅柱於欽州古森洞上為界誓云銅柱折交趾滅交人過其下必擲土石培壅之又曰南郡亦植二銅柱建安中交趾郡改為交州吳分其地置廣州而徙交州治于龍編縣唐初改安南都護府屬嶺南道安南之名始此後改靜海軍分屬嶺南西道唐亡土豪曲承美據其地劉隱自廣州取之尋為愛州將楊延藝所據傳子紹洪其將吳昌岌復奪之傳其弟昌文宋乾德初昌文死其族吳處玶等爭立有丁部領者平之自稱大勝王私署其子璉為節度使聞南漢平上表內附開寶八年詔封丁部領交趾郡王璉為節

七百四十八

度使從部領與璉俱死璉弟璿立尚幼大校黎桓纂之黎氏有交趾自此始丁氏傳世共十一年宋遣兵討桓桓上表謝罪入貢以桓爲安南都護尋封交趾郡王桓死其子爲大校李公蘊所篡黎氏傳世共二十年宋授公蘊節度使封南平郡王公蘊死其孫日尊僭國號傳子乾德入寇嶺南連陷欽廉二州宋遣郭逵問罪敗其兵於富良江殺其子洪眞乾德懼奉表詣軍門納欵宋高宗紹興二年壬子南平王李乾德卒以其子陽煥爲交趾郡王宋高宗紹興七年丁巳十二月交趾郡王李陽煥卒子天祚嗣至孫李天祚宋孝

宗淳熙元年甲午春正月入貢詔封李天祚為安南國王安南之為國自此始矣再傳而至昊旵死無嗣其女昭盛主國事李氏八世共二百二十年既而以國授其夫陳日煚宋復封為安南國王蒙古遣兵破其國日煚表宋乞世襲宋以日煚為太王命其子威晃紹封威晃一名光昺光昺死子日烜立是時宋亡蒙古并天下國號為元遣使召之以疾辭止遣叔遺愛代覲元世祖怒封遺愛為王以兵千人送之就國安南弗納遺愛懼夜逃去日烜僭稱大越皇帝襲其父名威晃父子同名猶林邑之陽邁也傳位於其子日

七百四十九

燇自稱太上皇李陳相承皆僭大號光昺改元紹隆日燇改元紹寶日烜死子日燇遣使入貢其後三世入貢止稱世子亦不請封傳至日熞　本朝洪武元年遣漢陽知府易濟往諭二年日熞遣少中大夫同時敏正大夫段悌黎安世阮法等來貢且請封爵遣翰林學士張以寧典簿牛諒往封之賜駝紐塗金銀印以寧諒未至而日熞已於五月先卒從子日熞當嗣國人請以誥印授之以寧不從於是日熞乃復遣陪臣杜舜欽請封　上自製文遣翰林編修王廉充

吊祭使吏部主事林唐臣充頒封使命取前使張以寧所護印及賜物畀之二使至日燁率陪臣郊迎設日煃靈位廡面宣御文日燁率陪臣俯伏以聽翼日唐臣捧詔印賜之日燁率陪臣北面稽首成禮而退初交人惟以長揖為敬至是始行拜禮日燁嗣立恪修職貢　上遣禮部員外郎吳宗伯往報之日燁後為其伯父叔明所篡叔明遣使入貢蓋叔明奪位懼罪乃託修貢以覘我事聞詔却貢不受叔明　上表謝罪請封不與詔以前王印視事尋表稱年老以弟日

上卷五十

端代許之日端立請其國貢期詔三年一貢王立則
世見十一年叔明告日端弟日煒代時安南久與
占城搆兵詔叔明與占城平二十一年國相黎季犛
幽日煒於城外尋弒之立叔明子日焜大柄皆出季
犛二十九年叔明死三十年安南侵掠思明府地百
餘里思明守訴於朝遣行人陳誠呂讓往諭日焜還
其地日焜言此地安南故土今復守之非有所侵議
論往返不決革除建文元年季犛弒日焜立其子顒
未幾復弒顒立其幼子𡧦尋又弒𡧦奪其國季犛自

謂舜裔胡公滿之後，更姓名曰胡一元，子蒼曰查，季犛僭稱太上皇，查稱大虞皇帝，改元元聖。永樂元年，蒼表奏賀即位，具奏稱已陳氏之甥，爲衆所推，權理國事，乞賜封爵。遣行人楊渤往廉之。蒼遣使隨渤入朝，進其國臣民奏章，謂蒼實陳氏甥，遂得封爲安南國王。蒼僭號如故，改元紹成。二年，陳氏舊陪臣裴伯耆潛至京師，奏季犛父子弑主簒位，乞復立陳氏子孫。會老撾宣慰司亦送陳日烜孫天平赴闕，上憐而納之，賜以居第廩餼。時安南賀正旦使至，上命出天平示之使者識其故主孫也皆錯愕下拜有感泣者遂遣勅青蒼蒼上表謝罪　上命行人王樞諭蒼令其迎還天平當别封爾大郡上公爵蒼奏如命四年命行人聶聦送天平歸國仍勅廣西總兵韓觀選兵五千委其副都督僉事黄中將之以防變時大理寺卿薛嵓論廣西中舉以輔行既入安南境至丘温季犛遣陪臣黄晦卿等迎候晦卿及諸從者見天平皆拜舞踴躍而迎者壺漿相屬於路中以為寔然遂徑進渡隘留鷄陵二關將至芹站山路險峻林木

蒙密忽伏發大呼劫天平鼓噪動山谷中等整兵擊之寇已斬絶橋道不得前天平與嵓皆死中引兵還事聞　上大怒曰蕞爾小醜罪惡滔天猶敢潛伏奸謀肆毒如此朕推誠容納乃為所欺此而不誅兵則奚用遂決意興師明日　上視朝罷御右順門召成國公朱能新城侯張輔謂之曰安南黎賊罪大惡極天地所不容今命汝等將兵討之爾等由廣西入西平侯由雲南入度用師幾何能等對曰臣聞仁不可為衆也仁義之師天下無敵臣等奉揚天威當一鼓

七百五十二

掃滅師之多寡惟　上所命　上壯之乃命成國公
朱能佩征夷將軍印充總兵鎮守雲南西平侯沐晟
為左副將軍新城侯張輔為右副將軍豐城侯李彬
為左叅將寧陽伯陳旭為右叅將兵部尚書劉儁叅
賛軍事刑部尚書黄福大理寺卿陳洽督軍餉置神
機遊擊横海鷹揚驍騎等五將軍選都督都指揮等
官充之共二十五將督兵分道進發命沐晟率四川
雲南兵由臨安府蒙自縣入朱能等由廣西思明府
憑祥州入令彼此犄角聲勢相聞　上幸龍江禡祭

誓衆遣使祭告岳鎮海瀆之神俾黄中立功贖前罪時季犛改元開大師至龍州又遣行人朱勸往諭許其以金鑄身贖罪不從朱能有疾留龍州張輔等率師發憑祥度坡壘關入安南境前哨破隘留及鷄陵二關輔傳檄數賊大罪二十求陳氏子孫復其王爵遂進度芹站至昌江市橋造浮橋濟師北江府新福縣駐營沐晟亦率雲南兵至白鶴遣人來會時賊恃僞東西都及宣江洮江沱江富良江以為固緣江樹柵凡邉隘增築土城城柵相連亘九百餘里盡發江北

諸府州民二百餘萬守之又於富良江南岸緣江置椿取國中船艦列於椿內諸江海口俱下捍木以防攻擊其東都守備亦嚴列象陣於城柵內欲守險以老我師輔等遂自三帶州駐市江口造船圖進取征夷將軍成國公朱能卒於龍州即命張輔佩征夷將軍印充總兵官督兵進討十二月張輔等克安南多邦城賊西都亦潰先是驃騎將軍朱榮敗賊衆於嘉林江沐晟軍亦至洮江北岸與多邦城對壘輔率大軍營於城北之沙灘與晟合勢賊新築土城高峻城

下設重濠濠內密置竹刺濠外坎池以陷人馬城上守且嚴時官軍攻具亦備輔下令曰賊所恃者此城大丈夫報國成功名在此舉先登者不次陞賞於是將士踴躍議遣兵夜襲其城以燃火吹角為號是夜四鼓輔遣都督黃中等銜枚舁攻具且過重濠至西城下以雲梯附城都指揮蔡楊等先登以刀亂砍賊城上火炬齊明銅角鐃響城下將士奮勇繼登賊倉皇失措矢石不得發皆走散我軍遂入城賊又於城內列陣接戰驅象當前輔督遊擊家廣等以畫獅蒙馬

神機將軍羅文等以神銃翼而前象皆股栗又為銃箭所傷皆退走奔突官軍長驅而進殺賊帥梁民獻祭伯樂等追至傘圓山賊死者不可勝計於是循富良江南下破其東都賊棄城遁乃駐軍城東南招輯撫納右參將李彬陳旭擊西都城賊棄倉庫焚宮室遁入海於是三江路宣江洮江等州縣次第來降擢憑祥知縣李昇於慶清仍故父職以伺察賊情五年輔合兵自北江濟軍襲籌江柵破之又攻萬劫江普賴山斬賊首三萬餘級盡得其船仍使降人陳封招

撫諒江東潮等處人民郡邑聞風降附諜報季犛及其子澄等聚舟於黃江遂水陸並進至木丸江賊舟膠淺殺賊將阮仁子等斬首萬餘級生擒賊將百餘人皆斬之輔等追賊至富良江賊悉衆拒戰每舟連亘十餘里橫截江中而用刳船載木立柵以拒官軍輔乘柵未備躬督將士力戰都督柳升等繼以舟師橫擊之賊大敗殺其將卒數萬人乘風至黃江直抵悶海口獲賊舟無算黎季犛父子以數小舟遁去偽吏部尚書范覽大理卿阮飛卿等詣軍門降南策州

人莫遂同北江等府縣耆老詣軍門言陳氏子孫黎賊殺盡無可繼承願復郡縣設官分理以沐聖化遣人馳奏　上曰俟黎賊悉擒而後處置五月獲賊首黎季犛及其子蒼澄等先是張輔督兵追賊至海門涇淺久晴水涸賊舟遁去官軍至大雨水漲數尺輔率步騎至茶龍舟師亦至前哨都督柳升敗賊獲船三百艘輔等乘勝追之至日南州奇羅海口生擒季犛及子安南土人武如卿復於永盎海口高望山獲偽虞國王黎蒼偽太子黎芮偽柱國胡杜等餘衆悉

降安撫人民三百二十萬獲蠻人二百八萬七千五百糧儲一千三百六十萬石象馬牛一十三萬五千九百頭船八千七百隻軍器二千五十三萬九千件輔遣都督柳升齎露布獻俘至京季犛及子蒼偽將胡杜等悉付獄誅之惟蒼弟澄進神鎗法詔官之輔班師至京上交趾地圖建交趾布政司按察司及都指揮使司於交州府置府十七州四十七縣一百五十七衛十一千戶所三大小衙門四百七十有二以鷄陵關為鎮夷關勅尚書王福兼掌布按二司勅輔

卷五十八

交趾應有懷才抱德山林隱逸明經有文博學有才賢良方正孝悌力田聰明正直廉能幹濟練達吏事精通書筭明習兵法武藝智謀容貌魁偉言語便利膂力勇敢陰陽術數藥醫方技之人悉心訪求送京擢用以所舉祺潤祖等為諒江等府同知　上親製衣詩賜之六年七月論平交趾功　上問夏原吉曰陞與賞孰便曰賞費於一時有限陞費于後日無窮　上從之於是惟陞元功餘頒賚有差八月交趾蠻簡定反命黔國公沐晟討之定陳氏故官先已歸附復逃

甸與化州守鄧悉阮宴等作亂僭號紀元竊交州餘黨寇之官軍屢出無功遂命發雲貴四川兵往征仍命兵部尚書劉儁往賛軍事沐晟帥師與簡定戰於生厥江敗績兵部尚書劉儁等皆死之於是賊益熾攻陷諸郡縣進迫交州事聞復命張輔總兵清遠侯王友為副帥師二十萬征之七年八月張輔兵至交敗賊衆於鹹子關太平海口等處生擒偽監門衛將軍潘岷等二百餘人獲船四百餘艘賊酋阮世梅等俱遁去十一月　日張輔進兵追簡定

定于美良獲之并獲其偽將相陳希葛阮宴等檻送京師惟陳季擴鄧景異逃於乂安未獲八年正月張輔敗賊餘黨阮師檜於東潮州斬首四千五百餘級溺死尤衆生擒二千餘人勅召輔還輔奏留黔國公沐晟等討餘寇而自帥師還京九年正月命英國公張輔總兵復往交趾會合黔國公沐晟勦捕叛寇先是陳季擴等上表請降　上許以爲交趾布政使其黨鄧景異等皆授以官季擴疑懼不受命縱兵刼掠官軍不能制　上以張輔爲交人所憚仍命總師往

爲七月張輔至交趾督兵敗賊阮師檜胡具鄧景異等於九真州月常江尋復敗黎蕋兵於福安斬之十一年十二月張輔等大敗賊兵於愛子江獲陳季擴時輔偕沐晟等進兵順州賊阮師檜等屯愛子江設象伏以候官軍輔偵知之戒先鋒將領若群象來衝必一矢落其象奴再矢披其象鼻象果奔還自相蹂踐官軍乘之斬賊將阮山生擒偽將軍潘經等數十人季擴走追擒之于老撾餘黨悉降交趾復平十二年張輔檻送賊首偽大越國王陳季擴及偽國公阮

師擒等赴京師誅之十四年召張輔還京師輔經營交趾前後凡十年十五年命豐城侯李彬佩征夷將軍印鎮交州而遣中官馬騏監軍騏貪黷誅求郡縣激變盜賊所在蜂起十六年交趾清化府俄樂縣土官巡檢黎利叛總兵官豐城侯李彬遣都督朱廣討之利敗走利初從陳季擴反充偽金吾衛將軍後束身歸降以為巡檢然中懷反側至是僭稱平定王以弟黎石為偽相國段莽為偽都督聚衆劫掠廣兵討敗之擒斬數百人利遁去彬遣兵討之不克右參政

土人莫遂戰死十八年交趾右叅政侯保與賊黎利戰死之左叅政馮貴亦戰死十九年五月彬請屯田九月彬言利奔老撾我進兵討捕老撾輒遣頭目覧着即阻我兵勿入境云即發兵象大索利送軍門久之竟不獲利　上曰老撾匿賊持两端令彬遣頭目出関詰之二十二年召掌交趾布按二司事工部尚書黄福還以兵部尚書陳洽鎮交趾兼掌布按二司事宣德元年交趾總兵官成山侯王通帥師討黎利不利兵部尚書陳洽死之　仁宗遣中官山壽賫勅

七百五十九

赦黎利罪命為清化府知府利不從聚衆寇掠勢益張通師官軍往討洽以為宜駐師石室縣之沙河以覘賊勢通欲渡河而陳洽反覆諭以利害通弗聽翼日五鼓麾兵以渡洽不能止次寧橋與賊遇自巳至未力戰洽奮馬突入賊陳欲擒其首惡身被創甚通懼師卻洽遂遇害洽既死黎利勢益猖獗遂圍交州戍山侯王通奏請益兵詔命安遠侯柳升等將七萬人以往以兵部尚書李慶參贊軍務且勑慶舉有才畧者以自助慶奏郎中史安主事陳鏞等十餘人

偕行黎利進逼交州城王通禦之連戰斬賊將黎豸黎善賊衆奔潰諸將請乘勢過江擊之賊必成擒通不從三日不出兵賊覘知通怯復集餘衆進逼交州通斂兵閉門不出利致書於通請和求貢通遣人伴賊使入京柳升師至隘留關利復具書詣軍門請罷兵且言求得陳氏之後曰暠者寔安南王頎三世嫡孫竄身老撾二十年矣乞立陳氏後主其國升等受書不啓封遣人奏聞時賊柵隘留關南拒守升連破之直抵鎮夷關如入無人之境升有矜色時左副總兵

保定伯梁銘兵部尚書李慶皆病幕府官史安陳鏞言於李慶曰總兵之志驕矣且夷情譎詐安知其不示弱以誘我宜速入言之時慶扶病强起與升言升唯唯而中實無戒慎意明日以百騎獨先之副將崔聚及慶等皆在後升前度橋既度橋遽壞陷泥淖中後隊阻不得進賊伏起升中鏢死右參將都督崔聚斂兵入營是日梁銘卒明日李慶亦卒又明日聚率兵進至昌江賊驅象而前軍亂聚被擒安鏞皆遇害賊百計强聚降終不屈遂殺之工部尚書王福歸自

交趾先自馬祺既激變交趾陳洽繼福掌布按二司印累奏乞還福舊任以交人思福之深也　上從之命福與柳升偕行我師既失利福爲賊所得皆下馬羅拜曰公向不北歸我曹不至此言已皆泣福諭以順逆之理其酋長餽以餱粮乘以肩輿贈以白金送之出境至龍州福悉以所贈歸之官黎利寇陷諒江府劉子輔死之柳升等既敗死通大懼議以城不可守戰不可勝不若全師北歸乃大集文武將士出下哨河立壇與黎利爲盟結約通大宴利贈以文綺表裏

七百六十一

利亦奉重寶為賂通不請命託以便宜率布政使弋
謙以下班師還先是　朝廷已得利前與柳升書利
所進表亦至　宣宗召大臣議之張輔曰將士勞苦
數年然後得之今當益發兵誅此賊耳蹇義夏原吉
亦曰舉地與利無名徒示弱于天下問楊士奇楊榮
榮曰永樂至今勞者未息困者未蘇發兵之説必不
可從士奇曰漢棄珠崖前史為榮何謂示弱　上曰
皇考追憾此事吾聞之屢矣明日出暠表諭群臣曰
論者不達止戈之意必謂從之不武但得民安人言

何恤乱遂命禮部侍郎羅汝敬右通政黃驥鴻臚卿徐永達賫詔往諭陳暠俾官屬耆老覈實来聞即遣使冊封命沐晟罷兵還鎮新置大小衙門各罷通至京群臣劾通及弋謙馬騏等違命擅與賊和棄地班師之罪悉下錦衣獄籍其家免死除名羅汝敬等至交州黎利已先弑暠詐言暠遇疾卒四年二月汝敬等還利遣人貢方物三月遣通政徐琦永達行人張聰勅諭利三月琦等還利遣人貢金銀釦器方物并上國人奏言陳氏孫暠已卒利撫綏有方得民心乞

令管攝六年五月利上表謝罪獻代身金人六月遣
行在禮部侍郎章敞通政徐琦詔利權署安南國事
利在國僭號稱制仍僞建東西二都寇陷雲南所轄
寧遠州分其國為十三道乃置百官設學校每道設
承政司憲察司總兵使司欲示其土地之遼濶其實
每司不及中國一大郡循元制以經義詩賦取士黎
利尋卒死九年廣西揔兵山雲言利死長子狂妄次
子幼弱姦臣黎問黎察措相讐殺諒山土官阮世寧
七源土官阮公廷率衆避難來歸願居廣西龍州及

太平府上下凍州十年交趾遣人以國喪告乃命行人郭濟朱弼往祭利利僭號改元順天竊位六年死僞呼大祖利子龍僞名麟自是皆有二名的名以事神祗僞名以事中國請封仍命權安南國土事景泰庚午命行人邊永頒詔安南正統七年詔封黎麟真為安南國王賜塗金銀印命禮部侍郎張敞行人侯璡往行禮至其境閬門低且隘璡叱之曰此中國豕狗竇也於士人出入則宜今天命下臨豈可由此度逆者驚懼為徹閬乃度黎麟死麟僭號九年改元者二紹平大寶僞呼太宗

七百六十三

子基隆偽名濬紹封天順元年奏乞賜袞冕如朝鮮國王例不許庶兄宜民弒之自立基隆僭號十七年改元者二大利延寧偽謚仁宗宜民偽名琮封諒山王僭號改元天興僅九閱月國人　誅之降稱屬德侯基隆弟思誠偽名灝紹封弘治元年翰林侍讀劉戩持即位詔往諭思誠時方加兵占城緬甸思誠頗桀驁戩於餽遺一無所顧後思誠表謝有廷臣清白之語及為建卻金亭於思明道中後復遣行人董振頒詔其國十年思誠死思誠龍第四子也僭號三十

八年改元者二光順洪德僞呼聖宗子鏳僞名暉紹封其臣黎彦俊充貢使欲由龍州入南寧憑祥知州李廣寧爭之聞于朝詔仍由鎮南關入十七年鏳死僭號七年改元景統僞呼憲宗長子漳立改元泰貞僭號未及紀年而死僞呼肅宗弟叟僞名誼紹封寵任毋黨阮种兄弟屠戮宗親鴆殺祖母國人詛怨時安南累歲侵擾占城占城遣使入奏請討之汪直因獻取安南策　上索永樂中調軍數時劉大夏在職方故匿其籍徐以利害告尚書余子俊沮之事乃寢

弘治八年安南又侵占城占城遣使入奏請命官往問　上欲從之大學士徐溥等上言　上乃止　武宗即位遣修撰倫文敘頒正朔于交阯阮种逼誼自殺誼僭號四年改元端慶降稱厲愍王种偽尊為威穆帝立阮伯勝种弟也國臣黎廣等討誅之立思誠孫瑩偽名賙六年遣編修湛若水往封之思誠第五子鑌偽名琚生子瑩誼被弒無子國人立瑩改元洪順偽尊其父鑌為德宗十年瑩遣阮仲逵入貢瑩既立恣行不道十一年社堂燒香官陳暠與子昺昇作亂

弑瑩瑩僭號八年降稱靈隱王後偽呼襄翼帝暠自立僭號仍稱大虞改元天應詭為陳氏後都力士莫登庸叛降暠尋復與黎氏大臣阮弘裕起兵攻之暠敗走獲其子昺及其黨陳遂等誅之暠與昺奔諒山據長慶大原清都三府登庸與大臣共立瑩子椅偽名譓謀請封因國亂不果行椅以登庸有興復功偽封武川伯總水步諸營登庸既掌兵柄乃潛蓄異志十三年黎氏臣鄭綏以椅擁虛位登庸不臣乃立黎氏族子酉榜攻其都城椅出奔登庸率兵攻綏綏敗

走登庸捕西榜殺之椅歸國登庸自為太傅仁國公十六年登庸率兵攻陳暠暠敗走死登庸乃納椅母為妻嘉靖元年莫登庸自稱安興王謀弒椅椅母潛告椅乃與其臣杜溫潤間行至清華居之登庸立其庶弟懬椅遣使間道來貢并求封為登庸所阻　上以登極改元遣翰林編修孫承恩禮科給事中俞敦賫捧詔諭安南國王黎賙承恩等聞黎王遇害抵廣西龍州與安南相離八十里體訪黎賙存殁并世子名諱及行安南附近府衛令其迎迓長慶府申稱本

國見被逆臣陳暠子陳昇據諒山等府地方道路梗阻待轉報國王迎請如儀龍州申稱據守隘頭目丁源呈內開訪得安南國王黎晭已歿世七年今世子改號光紹但不知名諱及訪得該國鎮朔衛土官閉孝忠稱說光紹被逆臣莫登庸作亂趕逐海濱存歿未卜又有逆臣陳暠霸占諒山府等處號稱天應後故有子陳昇仍舊占據迄今仇殺未息道路不通二年承恩等不敢前進俞敦病卒六年登庸用其黨范嘉謨偽作應禪文篡國僭號於境改元明德偽立子

芳瀛為皇太子尋弑廬九年登庸傳位芳瀛偽稱太上皇慮國內不服起兵攻之退居都齋都齋為安南要害登庸居此為芳瀛外援而以九公府為都齋之衛又僭頒大誥五十九條於境內芳瀛僭號改元大正是歲黎掎死於清華黎氏傳十世立一百十年故臣立其子檉偽改元元和檉偽名寧遣鄭惟憭充使泛海來京奏登庸僭逆之罪禮部疑其詐又詰其何不赴經過衙門掛號鄭惟憭申報云云廷議猶以黎寧所奏未審是的命兩廣制閫體勘迺徼臨安衛指

揮趙光祖移文彼國查報安南總兵使慶陽侯武文淵等申報云云六月初二日臨安守備王時中捉獲安南探事總兵王明哲進士阮景等二十名王明哲亦稱願引大兵馬為向道自綏阜州至蓮花灘達歸化府又自歸化至臨洮府達東都城備陳水陸進程及其寨守之處我閫帥未之信也先是十二年間登庸攻清華樫奔廣南逃占城界音問不通故臣立其弟某以拒登庸僞改元光照既而十五年廉知樫所在復偕討賊將軍僞福興侯鄭悅等迎樫歸清華是

年廷議安南不貢請問其罪　上命咸寧侯仇鸞總督軍務兵部尚書毛伯温參賛軍務往征之改提督兩廣軍務兵部侍郎潘旦佐理南京部事而以巡撫山東蔡經代之尋勅兩廣雲南調集兵粮蔡經奏水陸進兵其路有六姑以三十萬人為率以一年為期合用粮餉已該一百六十二萬石而造舟買馬犒勞器械諸費大約用銀七十三萬餘兩未易辦也時大軍既出而勤撫二議未決十八年莫芳瀛上表乞降上勅毛伯温相機酌處伯温乃行廣西太平府知

府江一桂指揮王良輔去憑祥住劄審驗安南降心如果歸一即與接受萬一夷情不測亦聽便宜處置江一桂乃檄問登庸登庸報書悔罪十九年登庸立其孫福海以嗣方瀛福海立攺元光華仇鸞以事召還攺命鎮守兩廣安遠侯柳珣代之安南長慶諒山府衛申報莫登庸之降請詞雖若卑懇但意尚詭秘必須提兵壓境宣布朝廷威德庶使夷心攝伏廣西按察司副使翁萬達亦以軍門添註至上計毛伯溫曰今日處莫賊者有三文命而告成功此上策也陳

兵鞫旅臨之以威兵不血刃此中策也三令五申必
欲芟夷絶滅其醜黨感則威矣恐非　聖天子好生
惡殺之所先此下策也今宜總衆長兼群策俾機權
在我動出萬全縱不得其上可得其中不得已就其
下亦當鑒宋師覆轍無俾後悔伯温從之乃行取兩
廣及行雲南各三司等官會議正兵分為三哨從廣
西太平府憑祥州一路為中哨委參政翁萬達帥之
副總兵張經統之指揮王良輔等督領漢達土司軍
兵共四萬名從龍州羅回峒一路為左哨以副使鄭

宗古監之參將李榮統之指揮周維新督領漢達土目軍兵共一萬四千名從思明府思寧州一路為右哨以副使許路監之都指揮白泫統之指揮賴杰等督領漢達土目軍兵一萬四千名又奇兵分為二哨從歸順州一路為一哨以參政張岳監之都指揮張軏統之指揮張義等督領漢達土目軍兵一萬四千名從廣東欽州一路為一哨以副使陳嘉謀監之參將高誼統之指揮李邦相等督領漢達土目軍兵一萬四千名從烏雷山等處為海哨以副使涂楗監之

卷六十九

都指揮武鸞繞之指揮余德安等督領漢達土目軍兵打手共一萬四千名而中軍營務委監繞總督管領兵五千一百二十七名齎執令旗令牌前去分督各哨又巡撫雲南都御史汪總兵官黔國公沐巡按御史彭時濟查議以蓮花灘分為左右二哨各委監繞總督等官每哨共領漢土軍兵二萬一千名象五十隻參武文淵等之兵約共六萬三千名分行去後毛伯温等即次日啓行親詣南寧府調度兵粮交人亦大為儆備採毒藥以試其刃收巴豆菌集置上流

截竹筒埋地冀陷馬足陽言先由海道襲廣東時畧邊氓覘伺動靜以一關吏通賄往來不復能禁萬達家募敢死士入偽都旬日盡得其狀乃下令曰敢有出關隘與賊通者磔之而籍其家能擒莫賊一人者賞百金登庸聞之恐亟請出降境聽候處分伯温於本年十月二十八日允令彼國小目陳棐等詣念渥等營陳款示令十一月初三日准其來降江一桂等乃預於鎮南關近地開張幕府高築將臺至期莫登庸素衣繫組躬率小目耆士人等各以尺帛束頸候于

南關臺上恭設龍亭覆以黃幄兩廣三司副參列侍
傳令開關登庸暨其姪莫文明等由關道左出脫履
跣足面北而跪傳遣生員謝天縱爲解其組及接受
降本登庸俯伏五拜三叩頭畢伊姪等亦各以次降
服如儀當宣諭姑容戴罪還國待爲轉奏賜以不死
兩廣雲南恐有姦細乘機嚇詐及生事造言者宜一
切勿聽我　天朝正大之體軍門嚴明之令汝宜知
之登庸叩頭謝訖傳令開關收兵回營其姪莫文明
并小目從人許三省等共二十八人代齎登庸降本

一通　上詔宥登庸罪安南國着革作安南都統使司莫登庸授做都統使賜從二品衙門銀印仍與世襲其十三路地方就照原舊地名各置安撫一員同知副使僉事各一員聽都統使管轄差遣朝貢其餘合境大小官屬聽彼從宜建置統屬人民前黎氏僭擬中國制度都着改正迴避獻還四峒地方原係我邊毗准收入版圖還行與兩廣巡撫衙門好生優恤投降人等罪既通赦了莫文明准賞素紵絲衣一襲綵段二表裏阮文泰等綵段一表裏許三省等紵絲一疋

事完即日遣回貢像　御前　東宮照舊彼地户口錢粮不必册奏禮部差主事吴應奎中書舍人李傳前往兩廣地方給散欽賞銀兩表裏所有安南都統使莫登庸勅書一道安南都統使司印信一顆給付本官賫奉前去交割轉發登庸收領登庸歸自南關染瘴得疾二十年八月二十二日死時傳莫登庸爲阮敬所害其孫福海聽襲詔蔡經會同總督等官查勘死無他故及福海是否係伊真正嫡孫小目阮如桂等保結别無詐僞二十一年三月福海親率阮敬

阮寧止等到関祇領勅印并曆日千本二十五年福海卒其子宏瀷幼請龔國内不服復爲黎寧所逐黎氏仍據國莫氏竄居南海島上二十六年莫文明與宗人中正福山卒其家屬百餘人奔欽州避難提督侍郎張岳奏卹之命韶州肇慶二府清遠等處安插官給歲米二十七年逆黨范子儀范子流等謀扶中正爭龔扇誘海濱諸蠻寇欽州官兵擒獲誅之二十八年莫敬典討誅子儀餘黨護送宏瀷至鎮南関聽勘保明奏令龔職三十年以宏瀷龔安南都

七百七十二

統使朝貢不絶灑立後五六年又復兵争有貢使至京朝廷以其僞官待查明白許獻進行文去後查無的音其貢使不敢回至隆慶二年大李士李春芳憫貢使久處邸中且能敬守主命為之奏受其貢遣回使人在中國二十餘年人比之蘇氏萬曆四年都統使莫茂洽遣使慶賀并補貢二次九年復来貢亦補二次貢道由廣西憑祥州

安南制度

黎氏諸王自奉正朔本國逓年使臣往来常有文學之人收買經傳諸書并抄録禮儀官制回國倣行如科舉有鄉試會試鄉試至子午卯酉年秋入場中三

場爲生徒中四場爲貢生如會試至辰戌丑未年春入場中四場賜同進士出身中五場賜進士及第以第一第二第三名爲三魁其第一場用九經之文次二場用詔制表次三場用詩賦次四場用對策次五場入殿庭對策學校之制在國都置國子監有祭酒司業五經博士教授以教育士又有崇文館秀林局翰林院兼掌官以教官員子孫崇文秀林儒生在各府則制學校文廟有儒學訓導以教生徒六部則有尚書左右侍郎六科有都給事中給事中六寺有正卿

少卿寺丞通政司有通政使通政副御史臺有都御史副都御史僉都御史提刑十三道監察官東閣有東閣大學士東閣學士翰林院有掌院承旨侍講侍讀編修校書檢討中書監有中書舍人正華文之官六部各司有郎中員外郎在外承政司有承政使參政參議憲察司有憲察使憲察副使首領官有經歷錄事知簿典簿推官主事牧民官有知府同知府知縣縣丞知州同知州直隷府縣有府尹少尹治中縣尉通判武職五府呼為東西南北中五府有署府都

督左都督右都督同知僉事若直金光殿并錦衣金吾二衛有掌衛都指揮使同知僉事神武効力殿前三司則有提督參督都檢點左右檢點藩鎮各衛有總兵使揔兵同知僉事在內各衛司有指揮使同知僉事在外各衛有總兵知同總知僉總知在內各所有千戶百戶統制在外有管領武尉沿邊各所有經畧使經畧同知僉事又有公侯伯子男之爵若內臣各監司及雜流官其職亦備若兵制則內外各衛司每衛司有中前左右後銃弩六所每所十五隊每隊

七百七十四

五伍常至六年選壯勇丁一畨壯健者充為軍伍老弱者退還民籍一壯充為各衛所驍勇軍以防有事為戰隊之兵次壯亦充旗軍伍以防運粮之兵其在軍貫兵人許回鄉里各務家業至大集期畨即衛所點驍勇軍留守本衛所次壯軍納錢放回有事之時調来備用一衛為一營一所為一奇此舊兵制也前本國遭亂軍兵散在鄉邑催調甚遲乃暫作父子鄉兵之制每一承政司置一該管官一府一副都將一縣州置一副將偏裨之数備在其中每大縣州選一千

精兵中縣州八百小縣州或六百或五百填為戰士一名二人運粮其餘人数出納粮草或有進攻則盡調而行無事一切放回如賊接境自相保守本縣州地方衛要者添兵鎮守若守都城之兵亦有新舊制各衛常川軍及力勇試士皆食官粮專留宿衛後因南北分列則兩邊皆遵此制本國之兵惟在勇捷好戰戰利則乘勝長驅不利則退據險要非有屯田守城之計也其國諱李字凡李姓者皆易以阮

安南風俗

七百七十五

安南風俗

安南風俗其美者文愛人倜儻有謀讙演人淳秀好學男耕稼女蚕績一歲再稻八蚕遠人漂至其國数相存問率以為常然其地褊小其俗矜誇陵犯弑君賊主篡奪之轍相尋為帝為王為公為候猙然奮臂杭衡天朝王侯以下跣足二輿夫舁以篆過市不以為耻夷風猶存焉餘皆愚詐與蛮獠同蔑礼義喜獷悍富者称雄爭奪兼併役屬貧弱日事俘掠斷髮文身黑齒方領侏離輕脱暑即浴於江故善水黎桓

莫登庸既貴尚跣足裸體入水捕魚平居不對席坐盤
雙足謁尊者跪膝三拜待客婚姻俱以檳榔為禮嗜鹹
酸多羸弱五十歲免役國王元日前二日乘輿從官章
服導前禮帝釋殿除日王坐端拱門臣僚行礼畢觀伶人
呈百戲晚如洞仁宮謁先是夕僧道入内驅儺民間門首
鳴爆竹杯盤祀祖貧家男女無媒婚禮者則自相配正旦
旦旦五更王坐永壽殿宗子近侍官先賀次入宮拜祖陵
晨坐殿上嬪妃列坐内官錯立設樂奏於大庭宗子
臣僚分班拜賀酒三進賜宗子登殿侍宴内官僚坐

西傍小殿外官僚坐西廡領宴晡時稍出匠者即殿前搆衆仙臺西層頂刻成之金碧炫燿王從晏其上前後九拜九觴而散二日臣僚各行家礼三日王坐大輿閣上看宗子內侍官拋接綉團毬接而不落者為勝團毬以錦製之如小兒拳綴綵帛帶二十條五日開暇宴罷縱吏民恭禮寺觀遊賞名園元宵立燈樹於廣庭名廣照燈萬點交輝光徹上下僧繞諷經群僚羅拜謂之朝燈二月起春臺伶人粧十二神歌舞其上王觀衆鬬於庭觀勇夫與兒童搏勝者賞之公侯馬上擊毬

吏士博奕摴蒲蹴踘角鬬山呼侯等戲寒食以捲餅相饋四月四日宗子內侍官會山神廟誓無異志八日沉檀水浴佛精團餅供獻端陽節江中搆閣王坐觀競渡中元結盂蘭盆會超薦亡者廣費無惜中秋重九貴族賞之良月朔具饌祭先曰薦新縱臣僚視田收稻捕獵為樂臘月祀祖如上塚禮立春命其宗長鞭土牛畢臣僚簪花入內宴會婚娶禮者陳氏女自配其國族盖懲得國於昭聖也士族春月婚媒氏謀女家通問既成財物以百至千庶民

以至百為数好禮家不論多寡海濱之女正月至於三月成連袂歌於野少年男子率衆往和之悅則相從亦有因成配匹者喪制宮室器用與中國畧同樂有飯古波本占城体圓長研器飯粘鼓面中拍之清亮合華纂小管小鈸大鼓名為大樂惟國王用之宗室貴官非祭醮不得用琴箏琵琶七絃雙絃笙笛簫類名小樂貴賤通用曲有南天樂玉樓春踏青遊夢遊仙更漏長不能殫述紀或用土語為詩賦樂譜便於歌吟歡樂愁怨一寓其情

七百七十七

七百七十八

其地五嶺以南地方遐阻夷獠雜居不知禮義其性輕悍以富為雄豪争奪兼并役屬貧弱俘掠不忌推髻剪髮文身跣足口赤齒黑好食檳榔一年再稻一歲八蠶桑麻蔽野不解種麥多魚鹽之利暑熱好浴於江便舟善水平居不冠立常叉手席坐蟠足謁貴人跪膝三拜待客以檳榔嗜酸鹹海味交愛州民倜儻好謀驩演州民淳秀好學漢光武時命馬援征交趾女主置為交州時有刺史初開學校取中夏經傳翻譯音義教之國人乃知習文學之業然中夏則說

喉聲本國話舌聲字與中華同而音不同

安南古蹟

雒王宮雒音架

有雒田隨潮水上下墾其田者爲雒民統其民者爲雒王副貳者爲雒將皆銅印青綬號文朗國傳十八世爲蜀王子泮所滅宫址尚存○雒山雲南謂之海𩊠

阮仲翁

翁仲身長二丈三尺氣質端勇少爲縣吏爲督郵所皆嘆曰人當如是耶遂入學究書史始皇并天下使

翁仲將兵守臨洮聲振匈奴秦以為瑞翁仲死鑄銅為像置咸陽司馬門外匈奴至今見之猶以為生

安南物産

菴羅果俗云香蓋乃果中極品實如北梨四五月熟多食無害　波羅蜜大如東瓜皮有軟刺五六月熟最香甜核可煮食能飽人奉化府嘉林州出者佳　檳木出盧亭樹皮中有如白米屑者乾擣之水淋可作餅似麵　烏木　蘇木一名多邪　沉香香木砍斷歲久朽爛心節獨存置水中則沉曰沉香日南有千畝林産名香南越志交趾有香木砍取先砍待終年皮爛取

木心及節堅黑沉水者佳浮者爲鷄骨香一名半水粗者爲䔲香　安息香樹如苦楝大而直葉類羊桃而長中心有脂作香　蘇合油樹生膏可爲藥　胡椒　人子藤紅色蔓端有刺其子如人狀崑崙燒之集象彼中亦難得　羚羊角高石山出一角而中實極堅能碎金剛石　犀　象　兕猛獸元時安南貢兕　蒙貴狀如猱而小紫黑色畜之捕鼠甚於猫　猩猩人面似猿人設酒路側連結草屐猩猩見之即知張者祖先姓名呼曰奴欵張我亟捨去群復謂試共嘗酒醉即着屐伴倒爲爲人所擒　狒狒似獼猴人面而紅長臂黑身有毛及踵食人善走作人言鳥聲

七百八十

知人生死飲其血使人見鬼髮可為朱纓血可染衣建武中南蠻進狒狒雌雄二頭帝曰吾聞狒狒力負千斤何能致之對曰狒狒見人則笑笑則下唇掩其額故可以釘之　白鹿

白雉周成王時越裳氏来獻漢光武時日南九真貢翡翠羽可為首飾　戴帽魚鋭首無鱗有骨若揷箭然味似河豚　蚺蛇形大而長其膽性極冷能療眼疾及諸瘡共效若抹人陽終身痿而不起　蟻子鹽

醢交州溪洞酋長收蟻卵鹽為醬非官客親族不浔

食周禮醢人餽食之豆有蚳蟻子即此　桂蠹形如新生小鼠產於桂樹偷食蜂蜜人以入口即化為蜜甘香甚奇

獠子

頭飛獠子赤裩獠子鼻飲獠子皆窟居巢處好飲酒擊銅鼓鼓初成置庭中招同類來者盈門豪富女子以金銀釵擊鼓叩竟留與主人或云銅鼓乃諸葛亮征蠻鉦也

古蹟

越王城在乂安府東岸縣又名螺城以其屈曲如螺漢時安陽王所築安陽王舊都越地故又稱爲越王城城中宮址尚存俗名可縷城有古池國王每歲採珠用此水洗之色極光潤

望城

望海城俱在交州府安朗縣漢建武中馬援平交趾分置封溪望海二縣築此二城守之

大羅城在交州府城外漢交阯郡置唐安南都護府皆在

此其城唐張伯儀所築高駢嘗修廣之宋時李公蘊
立國于此
雒音架王宮在交州府三帶縣未有郡縣時有雒田朝水上下
墾其田者為雒民統其民者為雒王副二者為雒將皆銅印
青綬號文朗國以淳朴為俗以結繩為治傳十八世蜀王嘗
遣子泮將兵三萬降諸雒因據其地自稱安陽王趙佗舉
兵襲之有神人名皋通下為安陽王輔佐治神弩一發殺
萬人趙佗知其不可敵因往武寧縣遣太子始詐降以備
之後通殺去語王曰能轉予弩則興否則亡安陽王有女

名媚珠見太子始悅之遂爲相通媚珠取弩視之陰易弩机趙佗進兵安陽王敗持辟水犀入海趙佗奄有其地今平定縣有安陽王宫城故跡存

天使館元傅與礪使安南題詩曰使旌入館青雲動仙蓋臨江白日迴諭蜀豈勞司馬檄朝周終見越裳来

浪泊在交州府東關縣一名西湖馬援既平交阯謂官屬曰吾弟少游嘗哀吾慷慨有大志嘆曰士生一世但取衣食纔足乘下澤車騎欵段馬爲郡縣吏守墳墓使鄉里稱爲善人足矣至求羸餘自苦耳吾在浪泊西

星間賊未滅時下潦上霧毒氣薰蒸仰見飛鳶跕跕墮水中念少游語何可得也

銅柱漢馬援既平交阯立銅柱為漢界相傳在欽州古森洞上有援誓云銅柱折交阯滅唐馬驄又建二銅柱鑱著唐德以明其為伏波之裔今未詳所在日南郡西有屠夷國援嘗經其地亦植二銅柱表漢界及北還留十餘戶於柱下至隋乃有三百餘戶悉姓馬按林邑記林邑大浦口有五銅柱唐天寶中何履光伐雲南收安寧城立援銅柱以定疆界亦未詳所在志畧曰昔傳欽州

古森洞有馬援銅柱誓云銅柱折交阯滅交人每過其下以瓦石擲之遂成丘杜詩云雨来銅柱北意洗伏波軍古城界亦有銅柱孟浩然詩銅柱日南端

威武廟東坡記漢兩伏波皆有功於嶺南之民前伏波邳離路侯後伏波新息馬侯南越自三代不能平秦雖遠適置吏旋復為夷邳離始滅其國開九郡然至東漢女子徵側反震動六十餘城時世祖初平天下思民勞厭兵方閉玉關謝西域南國荒裔何足以辱王師非新息苦戰則九郡左衽至今矣由此論之兩伏波廟食嶺南均

矣海上有伏波祠元豐中詔進封忠顯王凡濟海必卜焉謂可濟則濟否則止彼人信之如度權衡必不吾欺者嗚呼非盛德其孰能如此

冲天廟在扶董鄉昔境内亂忽見一人有威德民皆歸之遂領衆平其亂已而騰空去號為冲天王民乃立祠祀之

古州佛春驟雨山之巨水流至州津回旋不去民異而觀之内有石類佛民以為神驗即雕木為佛遇旱祈雨輒應故曰法雲法雨

服天寺塔昔李日尊攻占城得能造塔者令梵下三層號

七百八十四

天資萬壽塔銅鑄塔頂曰忉利天爲雷擊去莫知墮處後田夫得之復立雷又擊去焉

九重基臺昔李乾德搆臺于水晶池上將成雷擊之再搆再擊後雷聲發王以紅帕裹頭佩劍登臺焚香祝曰天不誘其衷當加誅我臺何與焉有頃晴霽臺成迨三業孫李龍翰聞雷畏之幾死左右以計白雷興則以手抱佛背屏免從之畏果息焉

粉驛亭俗以暑熱多搆一亭于通衢以憇行人陳京徵時憇此亭有僧謂曰少年後當大貴言訖失僧所在

及陳氏有國命國中有驛亭之處皆塑佛一尊以荅之金牌洲有老父宅江濵其子得一卵歸父畜之乃生一蛇尤加愛養後蛇大入水夜嘗餽魚庭中老父殁遇祭時蛇来盤結庭下而去後江邊聚沙洲子孫得利人謂之蛇報德云

七百八五

物產

蚕桑 一歲八蚕出日南自三月至八月皆養蚕事織

金顏 一云甘麻然俗燒辟邪

排香 以根合臺佳

香附子 一云鷄頭海岸者佳

降真香 久年者好

桂 皮薄肉厚

常山 二種俗名黃力白力

紫草

訶黎勒 味無毒主冷腹脹滿

蒲黃 刀傷以末乾敷則愈

阿魏

風薑 切片貼額左右止頭痛

茶 出諒州古都縣苦難為飲

薏苡 馬援征交阯載歸比伐五溪遺種服之能禦瘴

火薑 色稍紫俗獨用為酒麴絕美

高涼薑　本出高涼交州亦有之雷州產者佳江左曰杜若味大溫治積冷腹痛剉末微炒米飲調服霍乱吐瀉

黃薑　本草海南生者蓬朮千金方治瘡癬始生積痒一兩重入桂穰三兩作末醋湯下

鬱金　苦寒主血積冷下氣生肌止血刘禹錫云專用治婦人宿血心氣痛冷氣結聚溫醋磨服病後為末調粥食

玳瑁　狀類龜而殼稍長其明珠靖安云此中出蚌生東海足有六後二足無爪

通天犀　犀毛如豕頭有三角員上角短額上角長角中時有光耀白理如線自末達本為通天犀

辟水犀　舊傳安陽王有七寸文犀戰敗擲犀于海水開王入水免禍

辟寒犀　唐開元二年冬至交阯進犀角一株色黃如金使者請金盤置殿中溫溫有暖氣襲人

象　喜浴于江月夜常浮水面病心首向南尚死肉粗連皮煮熟足掌肉頗佳其牙生取潔白者佳自死自落者不以為貴

兕　出九德生下角長二尺九真献漢為奇獸

七百八十六

白鹿 晉初白鹿見交阯武寧縣宋文帝時交阯獻白鹿

潛水牛 勾漏縣有潛水牛上岸鬪則角軟入水則復堅

蜜 塩 煑海取塩其白如雪安南之富皆塩鐵利也

黃金 曰金太原諒山乂安等府出 鉛 鐵

珊瑚 有赤黑二種在海直而軟見日曲而堅 丹砂

銅鼓 交阯服役有頭飛獠子赤裩獠子鼻飲獠子皆窟居巢處好飲酒擊銅鼓初成置庭中招呼同類來者盈門豪富女子以金銀釵擊鼓叩竟留與主人或云銅鼓乃諸葛亮征蠻鉦也

福建往安南國針路

福州五虎門開船用乙辰針取官堂船行三礁東西邊用丙午針取東沙山西邊過船打水六七托用單巳針三更船取片嶼用丁午針一更船用坤未針二更船用坤申一更船平烏坵山用坤申七更船平太武山用坤申七更船平南澳外平外用坤申十五更船平大星尖用坤未針七更船取東姜山用坤未針五更船平烏猪山用單申針十五更船取七洲用單申針平海南黎母山用庚酉針十五更船取海堂山

正路用單亥針及乾亥針十五更船取鷄唱門即是南海雲屯洲海門也

七百八十八

安南國回暹羅針路

鷄唱門外開船用辰巽針五更船取海棠山過洋十五更船取黎母山丑艮針二十更船平烏猪山用单艮針五更船用艮寅針十五更船平大星尖用单寅針十五更船南澳外彭山外過用艮寅針三更船平大小甘山外過用单寅針四更過船為正路用辛戌針十更船取大横山内過打水二十五托為正路近北水浅只有五托船身在南邊見小横山成三個山各山皆是樹木用辛戌針十一更船用单戌針十五

更船用乾戌針十更船取筆架山在帆鋪邊用壬寅針五更船取陳公嶼及犂頭山用壬子針取烏頭淺用单乾針三更船取竹嶼用单子針五更到淺打水四五托用壬子針及乾亥針隨坤申尾去便是暹羅港口用子癸針船尾對竹嶼入港正路也

七百八十九

安南貢物

金銀器皿○犀角○象牙○白絹○薰衣香○降真香○沉香○速香○木香○黒線香○紙扇

給賜安南國

洪武元年賜國王大統曆及綵段等物景泰二年照朝鮮國宣德十年例給賜綵段十表裏錦四段嘉靖二十年改都統使令廣西布政司每年印給大統曆一千本二十一年令都統使仍照安南國王例給賞萬曆四年以慶謝補貢囬賜例外加綵段四表裏錦

二段〇差来陪臣每員綵段二表裏紗羅各一疋織金紵絲衣一套折鈔絹五疋靴韈各一雙行人從人有差

七百九十

御製頒賜安南詔　誓命　勑

洪武元年遣漢陽知府易濟詔諭安南

詔曰昔帝王之治天下凡日月所照無有遠邇一視
同仁故中國尊安四方得所非有意於臣服之也自
元政失綱天下兵爭者十有七年四方遐邇信好不
通朕肇業江左掃群雄定華夏臣民推戴以主中國
建國號曰大明改元洪武頃者克平元都疆宇大同
已承正統方與遠邇相安于無事以享太平之福惟
爾四夷君長酋帥等遐遠未聞故茲詔示想宜知悉

永樂四年　上幸龍江禡祭誓衆

詞曰黎賊父子必獲無赦脅從必釋毋養乱毋玩寇毋毁廬墓毋害稼穡毋恣取貨財毋掠人妻女毋殺降有一于此雖功不宥毋冒險肆行毋貪利輕進罪人既得即擇立陳氏子孫賢者撫治一方班師告廟揚功名於無窮其往勉之

永樂五年勑新城侯張輔

勑新城侯張輔朕以西平侯沐晟為國舊親其鎮守雲南能撫綏軍民故命同爾征討黎賊西平侯善於

謀議必欲持重爾往〻與之不和昔開平王善戰中山王持重開平王未嘗敢違之卒能成平定之功今爾乃輕躁輒出言毀罵此牧豎所為豈為將之道況爾二人皆國家之親所行如此使外國之人聞者竊所耻笑今後一應大小事務必須與西平侯和同計議不可輕懷私憤若仍效牧豎所為定治以國法畧不加恕爾其省之故勅

永樂五年四月二十一日　内用勅命之寶

永樂六年賜黔國公沐晟詩

黔寧王子才且賢早承父爵能安邊風流文采飽韜略已如召虎來旬宣撫摩南詔常晏然終歲不聞桴鼓喧柳營啼鳥白日靜百夷萬里無烽烟秉心忠孝誓報國況乃鷹揚當盛年憶昔甯父受國恩我　皇考妣相呴溫提携保抱鞠為子枕邊齁睡聲呼噴後來攄誠期補報建立偉勳垂乾坤汝今紹續應不愧顧揚先德心彌惇安南小醜恣兇虐吮血磨牙類蛟鼉弔伐爰興問罪師命爾遥征解民瘼西南猛士如熊羆隨山刊路無嵚崎蒼崖獨夜窮猿吼絕島凄風

戰馬嘶宣光攻戰怒濤立洮水舳艫飛度之彎弓轉月海雲黑霄劒淬花愁鬼蜮驍衝烟霧滌鯨波直向奇羅縛妖賊窮魚穴蟻竟何逃饑鼯呻吟甘受殛掃平荒服静烟塵政化敷行雨露新丈夫壯節青日最勲業何須論古人

永樂六年七月初八日　内用廣運之寶

永樂九年勅英國公張輔等

勅總兵官英國公張輔黔國公沐晟尚書黄福侍郎陳洽令陳季擴等表奏伏罪朕惟至誠待人已可其

奏遣人齎勅往彼撫諭其誠與否雖未可必若彼至誠歸順即赦其罪如彼懷詐不誠爾即相机行事不可邀功而壞事不可失機而誤事務在深謀密慮籌策無遺以平餘孽即早班師庶不負朕委任之意故

勅

永樂九年二月十二日　内用廣運之寶

嘉靖十八年勅兵部尚書毛伯温

勅曰先該安南國黎寧奏稱國王黎晭故絕被賊臣莫登庸作亂竊據國城阻絕道路因而久廢職貢已

經差官查勘是實方欲興師問罪節該兩廣雲南撫鎮等官奏稱莫方瀛父子聞天聲征討恐懼省悔上表乞降願以土地人民悉聽天朝處分據其哀請似亦可矜下廷臣會議僉謂夷情叵測詞雖卑懇意或詭秘故法不可不正義不可不彰今特命爾同總督軍務總兵官咸寧侯仇鸞前去兩廣雲南適中去處會同彼處提督節制各該鎮并副參以下三司等官將兩廣雲南應調漢土官兵及征討機宜悉照該部題准事理聽爾便宜處置其賊臣父子如果悔罪請

死束身待命將其乞降聽處真寔情由星馳具奏若執迷不悛必誅不宥用兵之際爾等宜相机酌處務要計出萬全期於僭亂底平罪人必得以彰天討以安遠夷斯副委任之重

嘉靖二十一年勑諭安南都統使莫福海

勑諭曰朕惟帝王以天下為家欲使萬物各得其所一視同仁無間遐邇爾安南遠處南服世修職貢近年朝貢不至推厥所自實惟爾祖登庸之罪已命官往勘征討爾祖乃能悔罪改過恭上降表備陳私相

授受之非願献人民土地聽朝廷處分該尚書毛伯温等奏報兵部集議題請謂爾祖登庸畏威投降輸情待罪朕仰體　上帝好生之德俯順下民欲逸之情一切赦之革去國號王封授以都統使之職勉從二品衙門銀印俾奉正朔朝貢許其子孫承襲世守其地实為爾類永利也兹該鎮巡等官奏稱爾祖登庸病故爾係嫡孫且爾能備陳爾祖納欵之誠備述爾祖屬纊之言亦可謂善承祖志者矣特命襲爾祖都統使之職仍降勅諭爾其益竭忠誠恪修職貢撫

理夷衆安静地方以稱朝廷懷柔之意用副爾祖恭
順之誠永為多福爾不美歟一應事宜悉要遵照原
降爾祖勅諭内事理而行欽哉

七百九十五

送劉繡衣按交阯　解縉 字縉紳號春雨吉水人洪武戊辰進士由左春坊大學士

虬髯白馬繡衣郎驄馬南巡古越裳城郭摠開新郡縣山河
全是舊封疆天連銅柱蠻煙黑地接珠崖海氣黃莫說炎荒
冰雪少須令六月見飛霜

贈王行人使安南　金幼孜 名善臨江新淦人尚書

承恩曉出九重天王事驅馳念獨賢奉詔尉佗煩陸賈尋源西域
得張騫車書自昔通南紀声教于今徧八埏
聖主綏懷恩似海殷勤得意在敷宣

送御史黄宗載按臨交阯　涂子雄 名善號野夫豐城人

侍御承宣化遠臨皇皇四牡載驅馳炎區自古稱藩服　齒從今識禮儀喜有檳榔消瘴癘幸無薏苡謗珠奇遙瞻玉珮還朝日銅柱爭如德政碑

梁知府之交阯　曾鶴齡 字延年號耀叟泰和人永樂辛丑狀元

闕下相逢正白頭城南送餞值清秋　九重恩命今晨出萬里江山舊日遊吏識欽冠前御史民瞻皂蓋古諸侯南交郡東興文教豈減文翁在蜀州

七百九十六

送楊郎中寧南征　李時勉　安福人國子祭酒

劒佩朝辭虎豹關獨騎駿馬佐平蠻宣威直過牂柯外料敵多從尊俎間潞渚南行三月雨滇池西去萬重山明年此際薰風裏遲爾鳴珂奏凱還

辭兵部啓　安南狀元阮文泰代莫登庸姪莫文明撰

乾坤發育萬物必資六子以成其功聖人統御萬邦必藉六曹以宣其教上下一理古今同符文明等抱本投降赴京伺命駪駪周隰夙霜靡憚于馳驅蕩蕩堯天雲日第歷于就望乎顒正切覲惕殊深恭惟兵曹鈞座下量度包荒忠形納約上俾帝介宏推一世之仁外溥海隅咸遂並生之願文明等觀光伊邇受賜良多

車製指南欣覩遣還之禮心存拱北敢忘造命之恩

送兵部尚書陳公叔遠鎮交阯　曾棨字子啓吉安永豐人永樂甲申狀元

南交獻凱正論功司馬新除寵眷隆三受虎符參閫外兩持龍節鎮蠻中蕭何經國曾供餉裴度臨邊暫總戎已喜夷人歸版籍伏波銅柱謾爭雄

送同年史郎中隨李少保征交阯　熊槩字元節吉安吉水人永樂辛卯進士

德星北闕暫辭朝遠別龍江折柳條京國昔年同擢第交州萬里獨乘軺談兵幕府秋風勁草檄轅門瘴雨消勳捷大廷應有日功名不數霍嫖姚

旅寓安南　唐杜審言字必簡襄陽人

交趾殊風候寒遲暖復催仲冬山果熟正月野

花開積雨生昏霧輕霜下震雷故鄉踰萬里客思倍從來

羅知州之交阯分韻得北字　曾鶴齡字延年泰和人永樂狀元

惆悵盃酒間踟躕衢路側通別情所難況君遠行客行客適何許南交万絶域山川阻且脩匹馬獨登陟丈夫四海志萬里猶咫尺辛苦諒不辭所思在明德俯視川從東仰睇星拱北還朝會有期側佇聽消息

送彭秀才從大將軍英公征交阯　王英號泉坡金谿人永樂礼部尚書

春雲欲雨半成雪瘴風吹衣冷如鐵平明師出將軍行城頭風高鼓微咽將軍目皆胆氣豪身經百戰不辭劳前年破賊平南交奏凱帰來功最高去年從征斬驕虜今年又

向南交古幕中賓從李賢良帳下諸軍畫貔虎彭生本是西江人少年今作幕中賓拂衣仗劍東別我慷慨南行思致身画船紅樓照江水中流放歌北風起魚龍吹浪渡三江旌旆連雲亘千里炎州到日莫春餘銅柱山高有故墟金戈鐵馬經行處瘴雨蛮烟盡掃除榕陰满地花開遍邊人重覩將軍面將軍令出聲如鐘詞客吟豪眼如電知君除遇在斯時會見功成日下歸人生富貴須早致豈是江南老布衣

送安南使者黎括省之　貢師泰字泰甫宣城人元至正時廉訪使

四海光華明主德萬方奔走遠臣心來依北斗朝閶闔歸遂南流過鬱林椰子酒酣歌嫋嫋刺桐花落馬駸駸遙知下國郊迎日首啓金函播玉音

七百九十八

安南藝文

投降聽處疏

嘉靖十九年安南莫登庸

臣荒徼細氓限於知識然每遥瞻北極光被南邦天

清地寧海晏河潤臣仰知中國有　聖人久矣况

天威震動之下而有陽春駘蕩之仁懼感交駢曷可

云喻臣惟先國主黎氏末運迍邅相繼淪喪及至黎

廣攝國未幾亦遘危疾臨終倉卒之時蜀從夷俗暫

以國事付之於臣臣又付其子方瀛未及奏請委涉

擅專雖　君門萬里難於　上聞而罪實滔天豈容
自昧嘉靖十七年臣父子謹遣阮文泰等齎表乞降
并祈處分俱出誠心別無虛詐但積誠未至不能上
動　聖心夙夜憂危靡遑寧處嘉靖十九年正月二
十五日方瀛不幸遘疾而亡國人狃於舊習欲以方
瀛長子福海代領其衆臣慮前者誤相授受義已不
安今若再狥所請負罪益重無以自解以此臣與福
海惟執共以俟朝命頃者大將專征重兵壓境臣猶
圈豕何足以當幸見軍門　檄問備奉　天言慈渥無

涯拊膺流涕竊念縲臣有罪黔首無辜　陛下不忍
以縲臣之故而駢戮群黎縲臣何幸以群黎之故而
槩存殘喘已於國內北望嵩呼率同小目阮如桂杜
世卿鄧文值耆人黎烇阮總蘇文連士人阮經濟楊
惟一裴致永等於嘉靖十九年十一月初三日恭候
南關組繫出境詣幕庭而稽首輸忠欵而[illegible]孽臣登
庸本欲躬自赴京瞻天請死緣以衰老且病不堪匍
匐長孫福海又在喪次謹令親姪莫文明代臣趨闕
俯伏待罪亦以見臣父子前遣阮文泰等所賚降表

委係畏威懷德不敢有飾詐之心伏望　聖慈矜宥俾獲自新其土地人民皆　天朝所有惟乞　陛下俯順夷情從宜區處使臣得以內屬永世稱藩事體歲領大明一統曆書刊布國中共奉正朔臣莫大之幸也雖先國臣丁氏陳氏黎氏遞相沿襲稱號紀元臣悔悟之餘固自知其不可已經嚴戒國人一切革除聽候新命豈敢仍蹈往謬自速天誅廣東欽州守臣奏稱如昔貼浪二都澌凜金勒古林了葛等四峒原係欽故地果如所稱則是先年黎氏冒而有之令

八百

臣願將前地歸隸欽州至於惟燎所稱黎寧者國人相傳皆以為阮淦之子黎氏委果無人故臣已於國都為設香火以存黎氏之祀令雲南乃又以黎寧為黎氏之後見在老撾已達 聖聽臣何敢辨惟願以廣陵等七州紅衣等寨及某處某處附近之地割與管轄徑屬雲南惟復仰蒙 聖恩特遣使臣一二員直抵本國適訪舊民如有黎氏子孫臣當率衆迎歸全以土地奉還豈直割與前項地方而已若果如國人所云亦乞憫念生靈俾有統攝其本國先年缺貢

應合類補及以後年分該貢方物臣不敢遽次爲言
昔以方在罪中求免一死尚恐不得耳臣又欲查照
先朝故事備辦代身金銀人即欲奉獻上亦慮唐
突惟以投降聽處實情理合具本權用　天朝原賜
本國印信鈐蓋緣前印信臣止宜謹守不敢擅用但
惟非此則無以爲左驗伏望　聖明垂察

八百四十

謝授職賜印表

嘉靖二十一年安南都統使莫福海

中國有　聖亶徵清晏之期外夷來王欣溥鴻溶之慶陽回午徵星拱辰樞臣福海竊惟乾坤體物爲心生意流行不以榮枯而異　帝王愛人爲德至仁惻怛不以存殁而殊是皆理出於公所以施及者溥臣福海竊念臣祖臣莫登庸叠蒙世蔭偶值時艱撫藩民流離兵亂之餘保全有幸狃蠻俗傳襲因循之内專輙是虞曠年久阻於比從一旦俄聞於　震怒南

闕待罪恐無地之可容　北闕馳忱賴有天之能白
雷霆為霽雨露旋施霑沐湛恩冀遂由衷之願諄勤
遺囑不忘事　上之誠臣福海資忝童愚序叨嫡繼
祖父敬忠之訓惟謹內承　朝廷字恤之仁寬期下
逮體悉過蒙於　慈眷畀於仍侈于殊光正朔許以
奉遵義示春秋之大勅印聽其欽領禮優名器之班
陰濕普覃高穹莫狀臣祖瀕危族　命沒亦知榮臣
躬在疚拜嘉感而出涕以至合境見聞之所及皆言
大君長育之無私欽惟　皇帝陛下剛健粹精聰明

八百〇二

睿智允恭克讓光被四表煥乎堯文柔遠能邇安勸庶邦承孔周烈和輯丕昭於后典撫寧大播於 皇風謂臣邑萬里阻深聲教欲同於漸暨軫臣祖一心共順恩懷忍閒於始終肆頒已出之綸廣示曲成之造臣福海謹當代先受賜對衆揚休德澤所施政令所加懷夾胥陶於至化土地之出貢賦之入率常度致於正供

題天使館　　元傅與礪

使旌入館青雲動仙蓋臨江白日廻諭蜀豈勞司馬

檄朝周終見越裳來

奏請莫登庸管攝國事疏

嘉靖二十年安南小目阮如桂等

安南小目阮如桂耆人黎烇士人阮經濟等奏曰臣等國人雖處荒隅實賴覆冒方得並生但去　天獨遠國中往往多難正德嘉靖年來逆臣陳暠陳昇鄭綏杜溫潤等迭搆亂謀逼脇國主黎睭遇害黎譓播遷宗氏淪亡獨存黎懬攝國未久亦已病終地方擾攘生民塗炭至此極矣其時夷目莫登庸討平諸逆委有功勞然土地人民皆　天朝所畀懬以授之登

庸登庸受之又私其子未及請命罪復何言臣等國人亦因喪亂流離之後慮恐不逞之徒復蹈暠等往轍禍且不已乃倉卒爲求生之計自擇其主私相推戴寔出無知罪亦與登庸同也後因道路阻絕關禁謹嚴雖屢具情詞懇求無由上達罪狀益深致蒙　天威震怒命閫專征前年軍門移檄本國登庸父子恐懼不寧謹已上表乞降未蒙俞允茲者復動大將統握重兵威如雷霆聲震蠻嶠自分必然虀粉無復子遺矣豈意曲蒙恩宥容令輸情監統委官獻境宣諭

八百〇四

合國之衆皆相對涕泣扶老携幼祇候軍門願同登
庸束身降服所幸不死是父母之恩　天地之賜也
其爲感戴歡忻豈有窮極臣等又惟民不能自治事
必先正名名不正則事無所攝事無攝則群然而争
渙然而離者莫之禁也欲免亂亡其可得哉今　陛
下既賜登庸與國人以更生矣若使終於亂亡則
陛下之心必有所不忍者以此臣等又有拳拳之私
欲瀆　聖德以爲終始生全之地登庸自管事以來
不爲暴虐厚施於民民咸德之今且畏威悔罪於其

長孫福海共侯　朝命不敢因襲舊弊擅自攝國及已戒飭目民不復仍前妄稱號矣竊惟登庸祖孫自稱夷目俱係罪人安敢覬望殊典但常返覆思念莫氏雖負重罪寔為夷情所歸然非仰藉　聖恩畀之名色何以約束國人使不為亂伏望　陛下矜憐遠方生靈俯順夷俗賜以　新命查照歷代故事或為總管或為都護俾得管攝國事世世稱藩臣等亦得保有殘生永為藩民則　陛下再造之恩當與　天地相為無窮矣

播流山

安南有播流山環數百里皆如錢圍不可攀躋中有土田惟一竅可入而嘗自塞之人物古樸不與外人通疑即古之交趾按郭璞曰脚脛曲戾相交故謂之交趾今安南乃漢唐郡縣其人形骸與華無異必非古所謂交趾

安南國譯語

天文門

天　雷音勒
雲　梅
日出　雷木音顡来
無雲　張个梅
天下　得雷
敬天　禁雷
黑雲　梅端

日　靄音顡
雨　墨
日落　雷吞
天晴　雷湯
天曉　雷兀
青雲　梅蒼
日長　靄倭

月　物
雷　勒
月出　月末
天上　連雷
天晚　雷對
白雲　梅八
日短　靄半

星　扒
風吹　教退
月落　月吞
露　莫
青天　雷蒼
黃雲　雷罔
日中　靄兀

風　教
雨下　墨沙
有雲　个梅
天陰　雷對
黃天　雷罔
紅雲　梅鐸
日斜　靄来

八百〇六

日暖 靄陰

星落 抄沙

大雨 憂墨

無雨 張个墨

地理門

地得

石剌 大

城看

山高 內膏

月圓 月朗

星多 抄鈕

風大 教杏憂

山內

水區

土特

山低 內持

月缺 月少

星少 抄一

風小 教杏蛋

海把

井敬

池泑

山上 連內

月明 月賞

雷霹 甚殺

雨小 墨別

河空

江生空

沙央

山下 得內

星出 沙末

風來 教類

有雨 个墨

路黨

墻整

泥懶

山前 指內

山後 稍内
水清 區竜
江邊 邊竜
小河 空別
菜園 文稍
山邊 邊内
水渾 區妻
江心 美竜
大石 刺大蚤
花園 文花
青山 内蒼
水流 區載
河深 空蔞
石路 黨耕大達
城外 歪省
水深 區蔞
水落 區幹
河淺 空干
遠路 黨賒
城邊 邊省
水淺 區干
水出 區連
大河 空憂
菓園 拜文

時令門

年 雖
秋冬 初東
晴 當
早 甚
時 史
晨 盛
晚 對
晝 美霤
午 瓦霤
冷熱 郎僕
夜 頗
古 施
春夏
陰 気
今 柰

八百〇七

今日　索露
明日　會露
後日　考露
昨日　熱露
前日　名露

今月　索蕩
前月　名蕩
今年　索難
明年　賣難
後年　考難

去年　要難
舊年　葛難
正月　蒸蕩
二月　亥蕩
三月　把蕩

四月　半蕩
五月　難蕩
六月　包蕩
七月　白蕩
八月　旦蕩

九月　進蕩
十月　每蕩
十一月　每莫蕩
十二月　每亥蕩
月半　蕩七

月晝　蕩抹
一日　莫露
二日　亥露
三日　把露
四日　半露

五日　難露
六日　包露
七日　白露
八日　旦露
九日　進露

十日　每露
廿日　亥每露
三十日　把每露
連日　兊露
連夜　兊頗

夜短　頗半
夜長　賣頗倭
幾日　賣露
幾夜　賣頗
一更　莫美

八百〇八

二更 亥羨

乙 几

庚 綱

丑 輳

午 惡

亥 盖

三更 把羨

丙 幵

辛 登

寅 仍

未 威

四更 半羨

丁 定

壬 忍

卯 毛

申 珎

五更 難羨

戊 末

癸 貴

辰 沈

酉 幼

甲 夾

巳 吉

子 字

巳 的

戌 足

花木門

花 滑

檀香 白冊

木 格

木香 格亨

樹 来

沉香 忱亨

菓 拜

速香 亨度

鳥木 門

乳香 由亨

龍眼 拜言
荔枝 拜白
檳榔 萋高
栗子 懶拜
菜 稍

黄瓜 滋闊
生薑 痕共
蓮 山
茄南香 亨其南
綿花 白山明

丁香 定亨
藤 黨
孩兒茶 者
席 離
蘇合香 多合亨

棗兒 賴道
柑子 拜干
桄榔 名廣郎
㧌 討
李 門

梨 鐸里
梅 毎
葱 行
蒜 對
瓜 滋

茄 賈
豆 奪
米 槁
石榴 拜十六
菱角 貌

柳 留
桑 都
枝 昂
蓮花 花山
紅蓮 花奪

花開 花兀
花謝
花勒
戴花 改調花
棗熟 拜晝

蒲 甫
艾 厄
草 葛
山藥 谷買
香草 亨葛

羅蔔各六布
芝蔴六共

鳥獸門

龍夫 虎戶 象得昂 馬麻兀 牛跛皷
羊特 犬生 猪論 猫眇 鼠卓
鹿喉 兔托 鵝安 鴨堆 魚嫁
鶯安 燕煙 雀爵 鴿合 蚤腫
犀忒 麞張 驢勒 騾剌 猴文
蜂角 豹包 蝶半 獺大 蚊梅
鬃申 尾惟 羽美 毛帽 爪罩

八百〇九

麟 冷
孔雀 空爵
狐狸 何旁
吽鴉 告阿
牙象 嶝牙

毋象 毛燈
象鼻 相即
象牙 相阿
兒馬 記麻
馬駒 麻孤

青馬 蒼兀
白馬 八兀
黑馬 忍兀
黃牛 跛國
豚猪 論

象吼 相佯
虎吼 戶喉
馬嘶 麻得
牛吽 跛攺
犬吠 坐喉

雞鳴 嫁數
雉鷄 止賈
天戴 天惡
鯉魚 利賈
白魚 賈八

蝦 端
蠏 盖戈

宮室門

樓 曾
房 放
廳 听
門 各
牕 各朋

壁 必
梁 省
寺 多
廟 妙
板 班

堂 雅
屋簷 悪然
馬房 兀放

衙門 鴨閅
半樓 兀魚
窩鋪 窩府

客庭 春客
草房 各放
上梁 凳整

廚房 主放
瓦房 賣放
蓋房 大鋪

半房 兀放
倉房 聰放
折房 別鋪

器用門

鐘 中
筆 卜
碗 半
劍 干
弓 公

鼓 共
硯 烟
碟 得
瓶 餅
箭 得

笛 德
棹 板鐸
筯 鐸
刀 刀
牌 排

紙 錘
椅 已
盆 門
盔 輝
鏡 更

墨 莫
床 整
鍋 内
甲 夾
剪 吉

傘 旦
鉤 勾
氈 内
網 王
鈴 另
馬鞍 安麻

人物門

皇帝 波
父母 乜渣

壺 稟
針 金
秤 巾
繩 省
弩 拏
銅鑼 羅同
總兵 寳從
兄弟 柰真

扇 刮
梳 勒
斧 有
鞭
盃 甲
哱囉 六甫
大人 憂翁
妻子 千作

鎖 哱約
簾 焦
箒 達
鍬 初
燈籠 弄點
喇叭 八次
頭目 木斗
他人 容委

鑰 約
瓢 寳
笠 朧
旗 巴
織機 各戳
鎖納 奪那
通事 翁通
伯父 百符

伯母 八母
姪女 得女
毋舅 句乜
小妾 別介
少人 委小
歹人 犯委
匠人 将委
香匠 亨将
三哥 把莫

叔父 祝
外公 歪官
小舅 句刿
家人 委稚
貧人 課委
賊人 盖干
金匠 周将
長子 載資
四哥 串莫

嬸母 蝥安
外婆 歪把
男子 冢
丫頭 干介
好人 委剂
商人 客
銀匠 拔将
韈子 容資
五哥 難莫

夫婦 富付
外父 歪符
婦人 委介
奴婢 干對
善人 委鐸
僧人 塞委
銅匠 董将
大哥 憂莫
十哥 每莫

姪兒 得女記
外母 歪母
娘子 介
老人 酥委
惡人 委委
道士 塞道
帽匠 摸将
二哥 亥莫
大姐 憂即

八百十一

我毋 民也
你毋 浼也
他毋 那也
大娘 憂也

人事門

去 抵
辭 慈
問 回
多 達
進退 保妥
買賣 班絆
看守 皆那

來 賴
回 跋
答 撻
少 一
送醉 作牌
叫借 改壺
掟拿 別卯

拜 来
睡 喃
听 兀
喜 猛
立扯 鄧車
還忘 達卷
商量 張梁

坐 妥
人 改
有 箇
愛討 哀親
整偷 正幹
與看 作皆

見 參
哭 満
無 張箇
怒要 罕侵
分貴 半慢
生死 僧則

身體門

口鼻　明梅
鬚喉　葡桑
膽氣　旦其
眼珠　言朱
脚腿　脚貞
閉眼　雜干慢
心焦　閑朗
义手　平歹

頭舌　斗雷
胷乳　兄入
汗力　罕利
鼻孔　即空
梳頭　則斗
開口　張明
心直　竜衰
拍手　別歹

手脚　大真
牙唇　雅乜
腦後　畢侯
手指　大止
光頭　上斗
眼跳　慢刁
心善　竜朗

面心　慢閬
血肉　帽席
太陽　太中
脚指　真正
洗臉　熱蛋
知心　亥朗
心惡　竜則

腹皮　幡達
肝脉　間黑
鼻梁　即梁
腿肚　達
開眼　黑慢
心寬　朗中
大膽　憂間

衣服門

衣裳 傲　圓領 改吝　大帽 憂謨　小帽 別謨　紗帽 丗謨

東帶 奇大　縧線 四即　布衣 白傲　夾衣 傲甲　草衣 傲冊

汗衣 漢傲　衣領 傲令　衣襟 補傲　衣帶 傲大　縫衣 埋傲

補衣 八傲　錦被 站艮　白布 八柏　青布 蒼八　西洋布 得揚部

葛布 各白　手巾 大堪　枕頭 斜斗　網巾 王根　兩籠 無竜

皂靴 遣厌　白靴 八厌　蠟靴 刺厌　鞋襪 海乜

食饌門

茶飯 者干　酒肉 鏡吉八　醋油 震杏　塩醬 賣燈　食鹹 食畫

淡酸 單多
甜粥 我皂
湯麪 貪泯
蜜鮓 黨沙
腥咬 丁交

菜蔬 稍
楜椒 虎高
花椒 華高
草果 各拜
早飯 指干

中飯 寬干
晚飯 對干
生肉 席空
熟肉 席畫
豆腐 斗符

燒酒 饒燒
黃酒 饒周
白酒 饒八
淡酒 饒納
奠酒 達饒

食酒 甕饒
甕酒 食饒
白米 八交
碎米 交乜
粗糠 句阻

細糠 卓阻
溫水 問泥
熱水 卜泥
燒火 退几
放火 邦几

飯飽 干那
肚餓 對闠
口渴 明各
割肉 當席
咬嚼 幹衰

噙切 欽憂
剩 成

珍寶門

金銀 閔捘

銅鐵 董客

錫鉛 迪煙

煙

一

玉石 欲食

水晶 兀靜

象牙 哈戚

寶石 剌達

銀壺 捘稟

金壺 閔稟

金牌 閔排

金鍋 閔內

金線 閔即

金臺盞 詁

金盆 閔蒭

銀臺盞 捘

白銀 八捘

好銀 朗捘

低銀 捘轃

銅錢 董典

硃砂 主施

水銀 乜捘

鍍金 都閔

廂金 栶閔

倒金 六閔

煎銀 將捘

鑄銅 主董

打鉄 蕩殺

文史門

勅書 盡思

印信 應迪

花押 花哈

文書 閅思

讀書 度思

看書 皆思

寫字 別資

學字 合資

名字 閅資

卜卦 剎瓜

八百十四

唱曲 唱恰

上表 登表

聲色門

青 蒼

紅 鐸

綠 樂

白 八

黃 罔

黑紫 忽雜

金黃 罔斤

天青 北蒼

[illegible] 憂鐸

花紅 花鐸

黑綠 忍綠

鴨綠 合六

葱白 抱八

數目門

一 莫

二 亥

三 把

四 半

五 難

六 包

七 白

八 旦

九 進

十 毋

一百 莫南

一萬 莫印

通用門

南喃　前剪　大𡘯　蜜毛　光言　圓區邊高

西得　右𠎩　小别　斜打　麗多

北白　後㗋　輕易　灣翁　細㩊

東冬　左雜　重中　潤郭　謾㪚

中冲　外歪　稀些　狹鵤　緊第

安南國譯語終

八百十五

廣記

明吴人慎懋賞輯

占城國疆里

占城國一曰環王曰占婆即佛書五合城也在交趾大海南東至海西至真臘霧温山南至銅柱北至安南東北至廣東其地東西七百里南北三千里

永樂七年鄭和由福建至占城水程

永樂七年十二月太監鄭和自長樂五虎門開洋西南行順風十晝夜至其國東北百里海口港曰新州

有石塔爲標舟至是繫焉岸上一寨番名設比奈二頭目主之五六十家居住晝夜守港去西南一日程到王都番名佔其城以石壘砌四門令人把守

正統六年吳惠由廣東至占城水程

正統六年給事中舒　行人吳惠於十二月廿三日發東莞縣廿四日過烏豬洋廿五日過七洲洋瞭見銅鼓山廿六日至獨豬山瞭見大周山廿七日至交阯界有巨洲橫截海中怪石廉利風橫舟觸即靡碎舟人甚恐須臾風息過之廿八日至占城外羅洋校

柸墅中至七年五月十五日歸東莞　按詔使往占城者惟鄭吴舟迹可考然和由新州入惠由校柸入豈二路皆可通而隨風所泊故異耳

占城山川

金山産金從林邑望之嵯峨如赤城照耀如火澗谷中有生金形似蟲蟻夜飛燿燿光同螢火　不勞山在林邑浦外犯罪者送此山令自死　奇南香山酋長禁民採取犯者斷其手彼處亦貴以銀對换又名奇藍　鵶候山在大州西北　半山塔

占城國統

占城國濱海古越裳氏本秦林邑漢象林漢末有區連者殺縣令自立僭稱林邑國王其國傳外孫范熊熊傳子逸被其臣范推之奴冒范氏族名文纂奪之文傳至玄孫為扶南王所殺國臣范諸農平其亂而自立傳子陽邁陽邁之生也其母夢人以金席藉之夷人謂金之精者為陽邁因以命名晋元嘉中文帝使宗慤檀和之征伐乃遣大將范扶龍戍北界區粟城以拒晋晋前鋒蕭景憲奪據其城乘勝入象浦陽邁出師驅象來戰慤製獅子形禦之象奔師敗陽邁父子遂脫身走獲其國珍

寶無算消金人歸黃金數十萬斤於朝隋仁壽末遣將劉芳擊破之國主范梵志棄城走獲廟主十八枚並鑄金為之蓋其先有國以來十八世矣方班師范梵志復國至唐貞觀中其王范頭黎死子范鎮龍立獻通天犀雜寶十九年摩訶慢多伽獨弑鎮龍滅其宗范氏遂絕國人立頭黎之婿婆羅門為王大臣共廢之遂迎頭黎之姑子諸葛地為王妻以女主永徽至天寶凡三入朝至德後更號環王元和初入寇安南都護張舟擊破之執其驩愛州都統虜其王子遂

棄林邑徙國于占因號占城宋建隆二年其王釋利因陁盤遣使貢政和中授其王楊卜麻疊金紫光祿大夫領廉白州刺史宣和元年進檢校司空兼御史大夫懷遠軍節度琳州管内觀察處置使封占城國王淳熙中遣兵襲真臘破之慶元中真臘舉兵復讐俘殺幾盡更立真臘人主之因名占臘元至元中國主孛由補剌者吾歸附其子補的立負固不服元數遣兵臨之洪武元年國主阿荅阿者遣使虎都蠻賀即位命行人吳用顔宗魯楊載送占城使者

歸賜以璽書及大統曆金綺等幣三年安南舉兵侵
占城阿荅阿者遣平章蒲旦麻都奏聞上遣翰林編
脩羅復仁兵部主事張福賫詔諭安南并占城詔至兩國皆
罷兵乃遣中書管勾甘桓會同館副使路景賢賫詔賜
鍍金銀印封阿荅阿者為占城國王上又以占城通
中國文字遣使頒科舉詔於其國四年王遣其臣荅
班爪卜農來朝表用金葉長一尺餘濶五寸刻以本
國書其意請給兵器樂器樂人欲使安南知為輸貢
之地不敢欺凌上以二國互爭而獨與占城是助之

相攻非撫安之義又所請樂人在聲律雖無中外之殊而語音則有華夏之異命移咨國王令其國有能習華言可教以音律者選至京師習之并諭福建行省占城海舶貨物皆免其稅八年上以占城與爪哇等國貢使每至中國為商多行譎詐詔禁阻之十三年遣　子入貢賀萬壽聖節諭其勿與安南國交兵十六年遣子來賀聖節乃齎與勘合文册二十四年入貢以其臣弒立命絕之永樂元年遣使告諭即位其王占巴的賴遣使奉金葉表文來賀且言被安南侵掠乞降勅

往諭遣行人蔣賓王樞使其國報之賜以絨錦織金文綺紗羅仍諭安南王胡查使息兵脩好四年勅廣東都指揮司選精兵六百人以能幹千百户領之具器甲糗粮由海道往占城會兵伐安南又遣中使馬彬等賫勅賜以鍍金銀印及紗絹金帶黄金百兩白金百兩織金文綺衣二襲并諸色幣國王占巴的賴既出兵復遣中官王貴通賫勅往勞之賜白金三百兩綵幣二十表裏五年占巴的賴已復安南所侵地又得黎氏父子及其黨悪獻俘貢方物謝恩詔嘉奨

之六年國王遣其孫舍楊該奉表貢象及方物比還
賜真金印及黄金百兩白金五百兩錦綺紗羅五十
疋絲絹百疋自是屢表貢犀象及金銀器物七年命
中官鄭和等往賜其國八年王復遣使濟標等貢象
及金銀器物詔馬彬等送濟標還國仍賚勅以文幣
賜之十一年國王又遣其孫舍阿那沙等入貢兵部
尚書陳洽言初討黎賊及陳季擴之時占城國王雖
聽命出兵然實懷二心徘徊觀望進至化州擄掠金
帛戰象資陳季擴季擴遺以美女復約季擴舅陳翁

挺等三萬餘為黨侵奪升華府所隸四州十二縣罪與交趾等請發兵討之　上以出師路由交趾交民方安業不忍用兵遠勞供給但遣使賫勅諭占巴的賴而已十六年貢瑞象宣德元年行人黃原昌頒正朔至其國王儀度稍弗恪原昌責之詞明氣壯王叩首謝罪贈以金帛奇物悉卻之　上大悅陞戶部員外郎正統六年國王卒嗣子摩訶貴由請襲爵　上賜勅詔遣給事中舒某（名缺）其　為正使及副使行人吳惠往封之七年正月上元夜請賞烟火藝況擅燃大樹盛陳樂舞每夜鼓以八更為節參政吳惠正統間為行

人與舒給事中使占城海中遥見青山一抹時風浪大作頃之忽至其下盖琅琊山也其山稜利如劍鋒下白骨無數見神出沒煙霧中舒給事中分必死公顏色自若作文祭神投洋中風息得過公詩有云巨浪摧山掀別島黑波溺月撼危檣其險可知矣景泰末摩訶貴由卒其子槃羅茶全遣使入貢請封天順中命給事中江彤行人劉寅之賫勅往封賜以綵幣國王槃羅茶全遣使泐婆利奉表入貢即賜勅并綵幣成化六年槃羅茶全卒其弟槃羅茶悅奏稱安南國差人索取犀象寶物不從起兵攻圍本國提挐臣兄連妻小五十餘口搶刼寶印殺死軍民擄去男

婦人占守本國地方臣暫管國事乞為賜印封王及
勑安南放出擄去人口廣東市舶右監丞韋春亦奏前
事請行禮部差官奉勑賫去安南戒諭國王黎灝
上詔且不差人待安南使人來寫勑與他賫去九年
　上命工科右給事中陳峻等賫勑往占城國封槃羅
茶悅為王十年正月二十九日到占城新洲港口番人不
容進入令通事滿源等諭以出使占城國緣由番人言
說此港占城王退還我的安南國王各立界牌把守他
自見在靈山為王開船到靈山海面下碇隨令滿源等
上山訪問回還報說山中遇見避兵人說槃羅茶悅

一家俱被安南虜去地方盡數 占奪改爲交南州名色開船回還將賞賜印信并原捧詔勅進繳詔下兵部會同府部都通大等衙門議得安南國來歲當朝合候陪臣至日將前項事情譯審明白另行具奏定奪先是安南國王黎灝亦奏成化六年八月占城國王槃羅茶全親率水步掩襲化州七年三月茶全親率象馬欲破臣義州使其弟槃羅茶遂領遊兵先行茶全繼進茶遂夜伏健兒殺之行帳自立爲王本年十二月初三日臣欽蒙勅諭朕詳覽奏章深察事理互相讐殺皆非保境安民之道且爾安南與占城曾

受朝廷爵土世修職貢為中國藩屏豈可搆怨興兵自相攻擊春秋責備賢者是宜安分循理保守境土解怨息爭先盡睦鄰之道仍禁守邊頭目毋啓釁端生事邀功如欲假此為吞併計恐非爾國之福臣恪遵 天戒禁戢邊吏勿啓釁端固守封疆然柰遂自弒逆之後群情乖解有衆心離成化八年正月柰遂親至境上差頭目翁曷虛計賫書於臣謂其兄柰全害民違天家覆國破自取之咎柰遂掌攝國事已遣使赴京賫金葉表文求襲王爵乞臣同往城下一盟

以提東海門為界北則為義州南則為占城北境并乞臣撥兵數千擁立叅遂都於畨地臣乃差大頭目范慤與叅遂盟叅遂歸至尸耐海口槃羅叅悅予叅質笞來與其頭目潛率猺峒之人夜伏竹弩攻叅遂軍叅遂為亂兵所殺叅質笞來自立為主移都品持法令雖嚴人愈作叛亂臣強盜自稱為君長者幾十人有稱摩訶支麻勞氷者有稱麻訶左皮羅撥者二黨驅象弄兵迫臣邊地其餘亦各據地方且占城為國東抵於海西通猺蠻北界臣義州南與龜竇二都

接壤占城賓部仇隙有年自是賓部傜蠻率衆搶掠千百為群道路不通臣日夜思惟自以欽承　聖訓息兵睦鄰而遭彼國潰亂更相吞噬竟困臣邊乃遣頭目劉寶齎臣書往與茶質苔来約堅隣好共享太平安分畏天為聖朝藩屏成化九年二月茶質苔来率兵攻叛臣奢里阿麻乃為奢里阿麻所敗臣差劉寶亦被害奢里阿麻自為君長爭據一隅奢里阿麻尋死族弟波籠阿麻繼統其徒才弱力微衆心不附群盗驅馳阡陌往来山楸臣守邊頭目黎文見賊虐

日滋放兵追逐彼便緣𡶅登山更出迭入使一方之
人困於鋒鏑成化九年三月初四日奉覩　勅諭有
云王國與占城勢力大小不侔辨説若彼先啓釁端
不度德量力固為不義若王無故乘彼小釁輒興忿
兵凌弱暴寡亦豈得為義乎勅至王宜畧其小失益惇
大義將所擄人口盡數發還戒飭邊吏毋生事邀功
興兵搆怨旋致報復自貽伊戚臣拜讀反思不勝喜
懼震雷解雨造化一心臣即欽遵　聖諭已擄獲男
婦該七百四十一人並已發還本國思脩大義庶盖

前愆云云二十年國王復遣使請封　上命使臣馮义等往冊立之至則國王先為安南逼逐徙居赤坎邦都郎安南尋又遣兵攻殺之其臣提婆苔者攘據故國馮义因誤封提婆苔為王其國人上章陳訴時馮义回自占城卒於海上副使某論罪戍邊二十一年　上別遣使封故王之弟齋亞麻勿庵為王未至而齋亞麻勿庵先卒　上復遣給事中李孟陽封王之次弟古來為王時安南納提婆苔而取其國為申言古來不當嗣古來航海至廣州辯訴其寃　上命

兩廣督府主其事都御史屠滽屬廣東參議姜英往勘國人僉謂古來實王弟有名者宜繼國統奏聞滽遂移檄諭安南數其不能恤隣之罪安南聽命不敢肆孟陽乃致古來於崖州受封而去滽復選官軍二千令東莞角人張宣領之護送古來至新州港及國弘治三年古來上表謝并以白金黃金器飾畜物附使者謝屠　上命滽受之滽固辭曰綏遠之仁繼絕之義在　聖天子臣何功之有　上嘉其誠命禮部籍而貯於官十八年古來卒其子沙古卜洛來請嗣

八百廿五

爵正德五年遣給事中李貫行人劉文端賫勅往封之嘉靖元年占城等國商船至廣東時提督市泊太監牛榮乘其未報貨稅私與交易事發家人蔣義抵罪貨没於官自後貢使依期至亦不能如朝鮮之繹絡有常

占城制度

其王腦後髽結戴三山金花玲瓏冠七寶裝瓔珞爲飾身被五色絲線錦繡番布長衣或云衣白下圍各色絲手巾臂腿四腕俱以金鐲足躡玳瑁履無襪股脛皆

露腰束八寶方帶如塑粧金剛出入或乘象或乘轎或小車以二黃犢前拽而行前後擁沓兵千餘或執鋒刀短鎗或舞皮牌槌鼓吹椰殼筒其頭目皆乘馬所戴之冠用茭樟葉為之亦似國王所戴之式以珠及彩色之物粧造但內分品級高下所穿之服俱用顏色衫長不過膝下圍各色沓布手巾紫白二色惟王可穿下民衣服但許玄黃僭用紫白者罪死國王所居宮室屋宇甚高大上蓋長細小瓦華麗可觀四圍墻垣有山水人物及以堅木雕刻獸畜等形像城

郭甲兵之防藥鏃刀摽之屬俱備其頭目所居分別等第門高有限小民編茅覆屋簷高不過三尺俯身低頭出入高者論罪刑禁亦設枷鎖犯罪輕者以籐條杖背重者截鼻為盜者斷手足犯姦者男女烙面成疤痕或男女共入牛贖罪當死者以繩繫於樹用梭槍舂其喉而殊其首若故殺劫殺令象踏之或以鼻捲撲於地象皆素習罪極者以硬木削尖立船上放水中罪人坐於尖木之上木從口出而死就流水中以示衆又有通海大潭名鰐海潭若有爭訟難明

之事官不能決者則令訟者各騎水牛過潭理曲者鰐魚食之理直者過十次亦不食國王在位三十年即入深山茹素受戒令子姪攝國居一歲籲天矢曰我不道當充虎狼食或病死朞年得無恙復入為王國人呼為昔黎馬哈剌札蓋至尊至貴之称猶中國太上皇也其臣文官五十餘員有郎中員外秀才之稱分掌資儲寶貨等事若遇詔使到彼王遣頭目迎詔寶船象駕鼓吹填咽旌旄曦露氍衣椎髻前後奔馳至行宮設宴王乘象迓於國門環帳列戈戟以群象為衛既宣詔王稽首受命

八百廿七

占城風俗

天無霜雪氣候常熱如夏多霧雨草木長青隨花隨結不解定閏但十二月為一年晝夜分為十更用鼓打記酋長及民非至午不起非至子不睡見月則飲酒歌舞為樂國人獷悍勇於戰鬭男子蓬頭婦人撮髻腦後無笄與梳身俱黑花布纏頭上穿禿袖短衫腰圍布手巾婦人拜揖與男子同婚姻男先至女家成親十日後男家父母親友以鼓樂迎回飲酒作樂數日乃止其俗崇尚釋教每正月一日牽象周行所居之地

驅逐出郭謂之逐邪四月有遊船之戲定十一月十五日為至日人皆相賀每十二月十五日城外縛木塔王及人民施衣服香藥至塔上焚之以祭天其互市無緡錢用七星淡金或銀及吉貝錦定博易之直書寫無紙筆以羊皮搥薄薰黑或樹皮董葉摺成經摺削細竹為筆蘸白灰書字若蚯蚓委曲之狀有疾旋採生藥服食酋長歲時採生人膽入酒中與家人同飲酋長當年節日用人膽調水沐浴謂之通身是膽各處頭目採取進納為貢獻之禮地不產茶及大

小麥煮海為鹽人多以漁為業少耕種禾稻甚薄粒
食者鮮國人惟食檳榔裹蔞葉包蠡殼灰行住坐卧
不絕於口魚不腐爛不食醸不生蛆不為美酒飲時圍坐
五六人量人入水用長竹吸酒入口吸盡再入水無味則止
又有一種尸頭蠻者本是婦人或稱屍致魚但無瞳人為異
夜深頭飛食人穢物飛回復合其體即活若知而封固其
項或移體別處則死人有病者臨糞時遭之妖氣入腹
必死此婦亦罕有民間有不報官者罪及一家畨人甚惜其
頭戲之觸弄其頭必有生死之恨貨用中國青磁等器及紵
絲綾絹燒珠之類侍郎孔韶文向為廣西按察使艤舟江濱

其鄰舟有占城人進虎京師延公過舟虎置圈中毛色炳然一人能馴虎開圈門以拳直入虎口虎捧之拳出略無傷痕復戲其足作退縮狀夷人言虎甚惜蹄爪故也又呼其名而問飢否語言莫辨虎爲長吼若求食然

占城物産

旱稻耐旱而蚤熟擇田之高者種之與中國黄秈尖米同一歲再收

梅　橘　椰子中有酒可飲　波羅蜜狀如東瓜皮似荔枝味甘如蜜子如鵞子炒而熟之不減山栗

甘蔗　西瓜　紅蕉子　東瓜　胡蘆　芥菜　姜　葱

伽蘭香即奇南香他國所無　薔薇水灑衣經歲香不歇　乳香　沉香

檀香　丁香　檳榔　茴香　烏樠木土人樵之為薪　蘇木　胡椒　蓽澄茄　白藤　吉貝樹其華盛時如鵝毳抽其緒紡之以作布亦染成五色織為班布　貝多葉　龍腦香　土降香　花藥木

花藤香　觀音竹狀如藤條色黑如鐵每節長二三寸高一丈八尺

白頭人產扶南國西山穴中其山四面峭絕人莫得至其人皆素首膚理如脂

水牛　黄牛　山牛不任耕耨但殺以祭鬼將殺令

巫祝之曰阿羅和及扳譯語曰早教他托生　猩猩馬小於驢　象牙最多　犀如水牛大者八百斤體黑無毛蹄有三趾獨角長者可尺五寸

鷄矮小大不過二觔雄鷄紅冠白耳亞腰竅尾人擎手中亦啼　孔雀　山鷄　結遼鳥　五色鸚鵡

玳瑁　鰐魚

絲紋布　白氎布　紅印花布　油紅綿布　白綿布　烏綿　木圓壁花布　蕃花手巾　蕃花手帕

兜羅綿被　洗白布泥　朝霞布

剛金生扶南國海底石上類紫石英人沒水取之可以刻玉扣以羖角乃泮　火珠大如鷄卵狀類水晶當午置日中以艾籍之輒火出　猛火油得水愈熾國人用之水戰　菩薩石　琥珀　鏐瓚

占城貢物

象　象牙　犀　犀角　孔雀　孔雀尾　橘皮抹身香　薰衣香　奇南香　金銀香　土降香　燒碎香　檀香　柏香　花藤香　龍腦　烏木　蘇木　花梨木　蕪蔓番泌　紅印花布　油紅綿布

白綿布　烏綿布　圓壁花布　花紅邊縵　雜色縵　番花手巾　番花手帕　兜羅綿被　洗白布泥

戲具

骰子以烏木或角爲之長二寸許無幺六呼骰子曰胡纒　幺曰薩　二曰塗打　三曰帝伽　四曰腈　五曰班滓　六曰喃

象語

天 剌儀

日 仰胡鋭

好金 陽邁

地 打納

月 仰不藍

八百卅二

福建往占城針位

五虎開船用乙辰針取官塘山行船三礁東北邊過用丙巳針取東沙山西邊過船打水六七托用單巳針叁更船平牛嶼用丁午針壹更船用坤未針貳更船用坤申針壹更船取烏坵山用坤申針柒更船取太武山用坤申針及單申針柒更船取南澳外彭山用坤申針拾伍更船取平大星尖用坤未針柒更船平東姜山用坤未針伍更船取烏猪山用坤未針拾叁更船平七州山用坤未針柒更船平獨猪山用單

未針貳拾更船取占畢羅用單未針伍更船取外羅山外用丙午針柒更船取校檣嶼內過船沿山使入新州港口也

占城回福建針路

新州港口開洋用單壬針取校檣嶼用壬子針柒更船取外羅山內過用丑癸針及單丑針貳拾更船平獨豬山用單艮針伍更船艮寅針貳拾伍更船平大星尖山用單寅針拾伍更船平南澚外彭山艮寅針拾伍更船取大小甘山外過用單寅針肆更船平大

武山用单艮針柒更船平烏坵山内過用艮寅針肆更船平牛嶼用丑艮針伍更船平東沙山外過取海壇山灣頭外有玳瑁州子細

八百三十四

給賜占城國

洪武二年賜國王大統曆使臣文綺紗羅各一疋仍給冠帶永樂元年賜國王錦二疋紵絲六疋紗羅各四疋王妃紵絲四疋紗羅各三疋後照此例　差來王弟王孫初到賞織金羅衣并紵絲衣各一套正賞紵絲六疋紗羅各四疋紵絲衣一套折鈔絹二疋正副使初到每人織金羅衣一套正賞綵段四表裏絹二疋折衣綵段二表裏正副通事至正象奴等初到每人賞素羅衣一套正賞綵段二表裏折鈔絹一疋

折衣絲叚一表裏從人初到每人絹衣一套正賞折鈔綿布一疋折衣絹四疋俱與靴韈各一雙其正副使通事人等給賜冠帶及給換例與暹羅國同正將士大頭目及舍人辦事火長總管幹事各項正者每名各烏紗帽一頂黑角帶一條

洪武元年賜占城國王阿答阿者璽書

書曰今年二月四日虎都蠻奉虎象至王之誠意朕已具悉然都蠻未至朕之使已在途矣朕之遣使止欲報王知之曩者我中國為胡人竊據百年遂使夷狄布滿四方廢我中國之彝倫朕既已發兵討之遂二十年芟夷既平朕主中國天下用安恐番夷未知故遣使以報諸國不期王之使者先至誠意至篤朕甚嘉焉今以大統曆一本織金綺紗羅絹五十疋專人送使者歸且諭王以道能奉

石天命使占城之人安于生業王亦永保祿位福及子孫上帝實鑒之王其勉圖勿怠

洪武三年諭占城國王阿答阿者與安南國息争詔

曰朕本布衣因天下亂起兵以保鄉里不期豪傑雲從朕將數年闢土日廣甲兵強盛遂爲臣庶推戴君臨天下以承正統于今三年海外諸國入貢者安南最先高麗次之占城又次之皆能奉表稱臣合於古制朕甚嘉焉近占城遣平章蒲旦麻都來言安南以兵侵擾朕觀之心有不安念爾兩國古及今封疆有定分不可強而為之一此天意

況爾等所居之地相去中國越山隔海所言侵擾之事是非一時難知以朕詳之爾彼此世傳已久保土安民上奉天道尊事中國爾前王必有遺訓不待諭而知者朕為天下主治亂持危理所當行今遣使往觀其事諭以畏天守分之道如果互執兵端連年不解荼毒生民上帝好生必非所悅恐天變于上人怨于下其禍有不能逃者二國之君宜聽朕言各遵其道以安其分庶幾爾及子孫皆享福於永久豈不美歟

挽宋臣沈敬之乞兵興復不遂而亡

占城國王

慟哭江南老鉅卿春風拭淚爲傷情無端天下編年

月致使人間有死生萬疊白雲遮故國一抔黄土

葢香名英魂好逐東流去莫向邊隅怨不平

靈山　又名大佛靈山

其處與占城山地連接其山峻嶺而方有泉下繞如帶山頂有一石塊似佛頭故名靈山民居星散結網為業田肥耕種一歲二收氣候之節男女之禮與占城國大同小異地產黑文相對藤杖每條易斗錫一塊若麄大而紋踈者一錫易杖三條次有檳榔荖葉餘無異物往来販舶必於此樵汲舶人齋沐三日崇佛誦經燃放水燈綵船以禳人船之災永樂七年寶

至其山

賔童龍國

其國與占城山地連接有雙澗水澄清佛書所云舍衛乞食即此地也目連所居遺址尚存酋首出入或象或馬一如占城王從者前後百餘人執簡讚唱曰亞曰僕人物風土草木氣候與占城大同小異惟喪事能持孝服設佛而度死者擇僻地葬之婚姻偶合民下編茅屋以居貨用金銀花布之屬地產棋楠香象牙永樂七年寶船至其山

海國廣記

明吳人慎懋賞輯

暹羅國

疆里

暹羅國濱海占城之南雲南之西本暹與羅斛二國之地暹古名赤土羅斛古名婆羅剎也元至正間暹降于羅斛合為一國其國東至波羅剌國及緬甸界西至婆羅娑國南至訶羅旦國北至交趾國地方数千里

隋煬帝遣常駿至赤土水程

隋大業初遣常駿自南海郡水行順風貳拾晝夜至焦石山過東南泊陵伽鉢拔多洲西與林邑即占城相對上有神祠焉又南行至獅子石自是島嶼連接又行三三日西望見狼牙須國之山於是南達鷄籠島至于赤土之境

廣東東莞縣至暹羅鍼路

自廣東東莞縣之南亭門放洋南至烏豬洋獨豬洋七洲洋星盤坤未針至外羅坤申針肆拾伍程至占城舊港經大佛靈山其上烽墩則交趾屬也又未針

八百四十

至崐屯山又坤未針至玳瑁洲玳瑁額及于龜山西針至暹羅由盈和門臺海口入港水中長洲隱隱如壩海舶出入如中國車壩然亦國之一控扼也少進為一關守以夷酋又少進為二關即國都也

雲南至暹羅

暹羅北去二百餘里有一市鎮名上水可通雲南後門番人五六百家居之諸色番貨皆有

暹羅山川

國之山形如白石峭礪周千里外山崎嶇內嶺深邃

龜山及陸昆皆國中要害之地主以阿昆猛齋猶華之兵揔甲兵屬焉　崛壠山犹人所居產蓬蓬柰陂隄里產五穀奶街華人流寓者之居

暹羅國統

隋大業初遣使常駿往赤土後改曰暹元元貞初暹人遣使入貢至正間合為一國地廣而兵強時時侵掠隣境　本朝洪武初遣大理少卿聞良輔往諭之暹羅斛國王參烈照昆牙遂遣使入貢進金葉表文

八百四十一

賜以大統曆七年暹羅斛國使臣沙里拔来朝自言本國令陪臣柰思俚儕剌悉識替入貢去年八月舟次烏瀦遭風壞舟漂至海南收獲漂餘貢物蘇木降香兜羅錦来獻省臣以聞 上怪其無表狀疑為蕃商覆舟詭言入貢却之後其子參烈寶毘牙立九年王遣子昭祿群膺奉金葉表文貢象及楜椒蘇木之屬獻併其國地圖 上命禮部員外郎王恒中書省宣使蔡時敏往賜之印十六年給勘合文冊令如期朝貢二十年又貢胡椒萬斤蘇木拾萬斤二十八年詔遣中使趙達宋

福等祭其故王參烈昭昆牙賜嗣王昭祿群膺文綺四疋羅四疋毯絲布四拾疋王妃文綺四疋羅四疋毯絲布十二疋勅諭之永樂元年遣使入賀即位自是其國止稱暹羅國二年遣使坤文現表貢方物詔内使李興等賚勅往勞之并賜文綺紗帛四年復貢方物且乞量衡爲國中式詔賜古今烈女傳給與量衡七年王遣使奉儀物祭　仁孝皇后是歲復遣坤文現貢方物初南海民何八觀等流移海島遂入暹羅至是因其使歸　上命傳諭國王遣八觀等還毋

納流移取罪戾并賚王金絨紵絲紗羅織錦八年貢馬及方物送中國流移人還賜勅勞之十年復貢十三年貽祿群膺卒其子三賴波磨札剌的嗣位以兵侵滿剌加國滿剌加訴於朝遣勅諭之令與滿剌加平十五年遣柰必貢方物賜王錦四疋紵上絲紗羅各十疋賜王妃紵絲紗羅各六疋十八年又貢遣中官楊敏等護貢使歸國仍厚賚其王十九年王遣使柰懷等六十人入貢謝侵滿剌加國之罪賜紗幣有差二十一年又貢賞賜使臣及通事總管客人蕃伴衣服紵絲絹布靴

襪履金銀紗帽諸物有差詔定其例使臣人等進到物貨俱免抽分給與價鈔給賞畢日許于會同館開市除書籍及玄黄紫皂大花西番蓮段并一應違禁之物不許收買其餘聽貿易二次使臣筵宴回至廣東布政司復宴洪熙宣德間至如常期賜王及妃各減永樂十五年之半正統景泰間貢或不常賜復舊例成化十三年王遣使群謝提素英必美亞二人來貢方物美亞本福建汀州人謝文彬也因販塩下海為大風飄入暹羅遂仕其國官至岳坤猶華言學士

之類至南京其從子瓚相遇識之為織殊色花樣段疋貿易蕃貨事覺下吏始吐實爲十七年遣行人姚隆往冊封其王弘治中給事中林恒復奉使行冊封禮正德十年國王遣使貢方物進金葉表文詔譯其字無有識者嘉靖元年暹羅及占城等夷各海船番貨至廣東未行報稅市舶司太監牛榮與家人蔣義山黄麟等私收買蘇木胡椒并乳香白鑞等貨裝至南京又匿稅盤出送官三十二年國王遣使坤隨離等貢白象及方物白象已斃遺象牙一枝長八尺牙

首鑲金石榴子十顆中鑲珍珠十顆寶石四顆尾置
金剛錐一根又金盒内貯白象尾為證三十七年又貢方物迄今貢使
不絕萬曆七年遣使具金葉表文入貢二十年九月内日本國
攻陷朝鮮時暹羅使臣握叭喇等朝貢到京願督兵
馬蕩剿倭巢兵部尚書石星為之轉聞於　上欲給
勑奬勞得　旨據夷使所奏足見忠義然事關重
大還行與兩廣總督着移文選一能事官員與原差
官并夷使同往彼國宣諭　朝廷德意取有回文方
回領勑舉事余應行者俱依議後以兩廣總督奏其

不便罷之

暹羅制度

王居無城郭據大嶼稍如中國殿宇之制覆以錫版闢東壁為巨扉是為王門治內分十二塘壩酋長主焉猶華之有衙府也國王白布纏頭上不穿衣腰束嵌絲手巾又以錦綺壓腰出入跨象或乘肩輿一人執傘蓋傘用茭章葉砌做凡國人謁王必合掌跪而捫王之足者三自捫其首者三謂之頂禮敬之至也建辰之月是為歲首建巳之月始作農事建午之月

潦始漲建酉之月潦退王乃御龍舟乃祀土穀禾乃登始穫王子始長習梵字梵禮若術數之類皆從貴僧故其國右僧且謂僧作佛佛乃作王其貴僧亦稱僧王國有號令決爲其犴獄則穴地爲重樓三級謂之天牢輕罪置上級差重置中級殊死者乃置下級輕刑以皮鞭差重斷足十趾差重斷手十指罪至殊死者腰斬或以象蹂之貴僧爲請於王王乃宥之沒爲僧奴謂之奴国賦役省薄惟給象爲最重故殊死獲免者不爲奴国則以給象終身爲王之妻妾皆盛

飾倚市與漢兒貿易不許亦不敢亂國無占候凡日月薄蝕國人見者則奔告於王首至者賞建寅之月王乃命巫占方命力者由勝方所向掠人而剔其膽雜諸藥爲湯王濡足象濡首以作猛氣凡用膽華人爲上僧不剔孕婦不剔瘡痏不剔是故用膽視歲甲子爲多寡也

暹羅風俗

風俗與車里麓川大同小異沃野千里百貨叢集氣候不齊寒少而熱多群山環繞峭拔崎嶇其地沮洳皆瘠土風俗勁悍專尚豪強削檳榔木爲劖鎗水牛皮爲牌乃製藥

鏃等器慣習水戰國無姓氏華人流寓者始從本姓一再傳則已矣民多樓居無陶瓦密聯檳榔片籐繫之甚固籍以籐席竹簟寢處於中男女椎髻白布纏頭穿長衫腰束青花手巾凡男女志淫先私媾而後聘婚姻則群僧送壻至女家僧取女紅貼男額上稱利市成親三日又請僧及親朋分檳榔彩船等迎女歸男家既嫁而外私者犯則出貨以贖然猶蔽罪於男謂其為亂首也婦人多巧慧其上下謀議刑法輕重錢穀出入凡大小事悉決於婦人婦人之志量在男子上

刺繡織絍工於中國尤善醖釀故暹酒甲於諸夷婦飾必以諸香澤其體髮日夕三四浴戲狎不禁若有妻者私通中國男子必置酒飲待歡歌留宿曰吾妻色美故華人悦之凡男子年廿餘歲將莖物週廻之皮用韮葉細刀挑開嵌錫珠十數顆在皮内藥封瘡好方可行動如大頭目及富家則以金為空珠内安砂子行動有聲不嵌珠者是下等人也與人嵌珠者有專行最為可笑居父母若夫之喪則削髮如比丘尼經旬乃蓄鬒如舊凡死喪富貴人死用水銀灌養

八百四十六

其屍擇高阜瘞之貧者舉尸筏而浮諸海喪屬踞伏於海濱迎僧而呪群大鳥啄而食之頃之而盡謂之鳥葬凡鱷患夷衆則奔赴於王王詔貴僧呪飯而投諸鱷所乃以貝多葉書數符佩以奴国沒水牽數鱷出貴僧佐其孽跡多者戮之剳其腹有淂鉛珠二升者跡少乃黜符其旨呪而縱之國人凡有斷怨皆謁僧求呪土夷遣者非死即疾苦施諸華人則不能害也凡飯僧必具十品食也屑糯若秔也牛也羊也豕也鵞音也舒鳫也家鷺若魚也皆熟而薦之僧呪而

後舉舉必盡數器不足十品不以供也釀秫為酒又有椰子酒惟燒酒最賤煑酒為鹽其交易不用金銀以海𧴩代錢每一萬箇准中統鈔二十貫產多象犀金寶且西洋諸國異產奇貨輻湊其地故其民饒富豪酋各據別島而居奴囝數百口蓄貲多至數十鉅萬俗恥為盜不葢藏亦不虞寇貨用青白花磁器印花布色絹色段銅鐵水銀燒珠雨傘之類

暹羅物產

犺音寵人屬出於暹羅之崛巄短小精悍圓目而黃睛

性絕專慾不識金帛木食如猿猱古樾蒙家者率數十巢蓋舉族所聚也語咿嚶不可辨山居夷獠每諸其性常馴擾以備驅使蒙以敬絜食以⿰魚亞音鴉鮍音貝夷言小魚鹹飲以漓酒即躍然喜似謂得所主者舉族受役至死不避雖歷世不更他姓嘗役以採片腦鶴頂皆如期而獲其山多犀象主者利其齒角授以毒鏢猿挾以歸遇犀或象輒往刺之升木而匿犀或象怒且束毋得也移刻毒發而殪猿乃群聚叫嘯若誇其捷者相戒聚以守經月犀象且腐所遺如齒如角齒則

負以數犺角乃一犺肩之以輸其主過奪他姓亦至死弗畀也舶人編竹為籠紆深其制置所必由之徑機而取之以獻於夷王王大愛玩酬以蘇方木至數千斤猶衣犺以番錦飼以嘉實置之奥壇犺以非其主終不附也然稍近煙火淚目死爾

稻稈長一丈三尺穟長八寸餘穀三粒長一寸凡稼之長茂視潦之淺深

羅斛香味極清遠亞於沉香　降真香　沉香　蘇木其多如薪　大風子　白荳蔻　血竭　藤黄

牛　羊　犀牛　象　獅　白鼠　猭𤢥或作猉捕鼠捷於猫諸國皆產惟暹羅者良舶估挾至廣州常猫見而避之豪家每十金易一云

雞　鴨　翠鳥　黄蠟　六足龜

錫　寶石　珊瑚　緬鈴

廣東往暹羅針路

南亭門開洋用坤未針伍更船平烏猪山在馬戶邊用坤未針拾叁更平七洲山又用坤未針柒更平獨猪山如見獨猪山可用丁未針貳拾更取外羅山用丙午針柒更平校杯嶼及新州港用丙午針伍更船平大佛靈山用單午叁更船平伽藍皃山用丁午針平羅灣頭用坤未針伍更船平赤坎山船身開恐犯玳瑁州船身朧恐犯玳瑁鴨玳瑁礁若船身近赤坎山看不見玳瑁州用丁未及單未針拾伍更船取

大崑崙山内過船打水拾伍陸托用庚酉針叁更船

取小崑崙山用庚酉針拾更船取真嶼山山内過船

打水拾肆伍托用辛戌拾更船取大横山内外可過

船用辛戌針伍更船取小横山内外可遠山過船用

乾戌針貳拾伍更船取筆架山用壬子針拾更船取

陳翁嶼用单壬針叁更船上淺收進暹羅為妙也

暹羅回廣東針路

離淺用丙巳針平陳翁嶼用丙午針拾更船平筆架

山遠放洋用单丙針及丙巳針貳拾伍更船取小横

八百年

山在帆鋪邊用丙巳針伍更船平大横山帆鋪戸邊用單辰針拾更船取真嶼山在帆鋪邊用申卯針及單卯針拾叁更船取大崑崙山在馬戸邊用單丑及丑癸針拾伍更船取赤坎山若船身開恐犯玳瑁洲若船身隴恐犯玳瑁鴨玳瑁礁用單丑五更船取羅灣長用單丑及丑癸針伍更船取伽藍皃用單子針叁更船平大佛靈山用子癸針伍更船平校椅嶼及羊角嶼内是新州港口用壬子針柒更船取外羅山東邊過船用丑癸針貳拾更船取獨豬山用丑艮針

及單艮伍更船平銅鼓山用丑艮針貳更船平七洲
山用丑艮針拾叁更船取烏豬山用单艮針伍更船
收南亭門姜山為妙也

暹羅往跤趾針路

出港離淺水了用丁午針拾更船取筆架山過洋用单巳及丙巳針叁拾更小横山用巽巳針伍更船取大横山船在帆鋪邊過用单辰針及乙辰針拾更船取真嶼用甲卯針拾更船取大小崑崙山用丑艮針伍更船用单丑拾更船取赤坎山用单艮針伍更船取羅灣頭用单癸針伍更船取伽藍皃用子癸針取靈山用单子針伍更舡取新州洋嶼用单子針及壬子針伍更 船取外羅山用单亥針伍更船取占畢羅

山用单亥針伍更船取大琅瑚山用壬子及单子針拾更船取黎毋山用单亥及壬亥針伍更船取海寶山正路用单亥及乾亥針伍更船取唱鷄門

跤趾回暹羅針路

在唱鷄門出辰巽針伍更船取海寶山黎毋山用辰巽針拾伍更船取海南山尾用单巳及巽巳針拾貳更船取占畢羅山用单辰巽針伍更船取外羅山用单午及午針柒更船取新州渴與用单午針伍更船取靈山用单丁針伍更船取伽藍皃用单丁及丁未

針伍更船取羅湾頭用坤未針伍更船取赤坎過洋用單未針拾伍更船取大小崑崙山子細用庚酉針拾更船取真嶼用辛酉針伍更船取假嶼用辛酉針伍更船取大橫山用乾戌針伍更船取小橫山見山一個都在馬戶邊不可近迷山打水五六托入到中心鼻頭有淺沙出水近過打水三四托廻湾使莫中路過大嶼有淺橫入坤申湾尾有石牌出水名吽婆剌昭昔利同可近過打水陸托使乙辰針前見角隴肆箇嶼有叁門若入大門有嶼在外肆箇嶼在內打

水拾壹托次門叄嶼在內打水陸托巡湾使不可貪在外有浅沙打水叄托過了用单辰針遠見白礁有坤申相見崛隴港口東邊有一箇山嶼在門邊打水捌托泥地在外使单辰針前取烈又有角自忌在有通公凉老在近坤申及此嶼邊有石牌角烈內外可過打水拾貳托又用卯針取大小覽嚽山二嶼在西邊使入門不可近坤申山鼻長有石牌泥水半浮在邊使子細大嶼在馬户邊近嶼使不可從中路使都是沉石又有三個嶼都在馬户邊取角攬嚽山鼻長打水十二三托水討柴藤嶼湾都有礁浅在山長出對嶼来

有沙灣高平水有礁淺在頭不可近山子細打水叁
肆托看中路出門門尾有一小嶼名料角阿靈在帆
鋪邊打水伍托近此嶼出門了用單辰針叁更船取
刺池塔州府又長員大小嶼在兩邊門貳嶼在北邊
有叁箇小嶼在南邊有一小嶼名叫角托落在魚尾
有沉石牌出水不可近使前見都崙山有叁門都通
過若入山門打水叁拾貳托若入第貳門過洋用單
乾針貳拾更船用乾亥針取筆架山用壬亥叁更船
取黎頭山連坤申用單子針叁更船取竹嶼用單子

八百五十二

針伍更船打水柒捌托收港入門為妙也

暹羅往東邊路沿山使收苧麻山

出港離淺了用丙針伍更船使角思厰地頭有石牌出水若從外過打水拾捌托遠看北邊高南邊低嶼内有三箇小嶼近大嶼都在外邊山使過打水拾叁托是正路用單午針貳更船取角婆喬在外從内過用單午針使前見牛𡿖山打水捌玖托是正路對坤申有石礁可近過不可遠子細外使又有一小嶼大嶼在此小嶼頭内有沉礁石牌從嶼面横出來到中路不可從中過可近坤申河山使打水捌玖托用丁

未針叁更船前見白礁碑在馬戶邊子細收用架[山覽]
山頭都小嶼不可嶼邊過沿山使打水拾貳叁托嶼
尾有小嶼不可近使有沙淺白礁巡山使出嶼門尾
前見角台小菩南途灣有貳嶼都在帆鋪邊前見大
菩南途灣在外及有貳叁個小嶼都在馬戶邊又有
一小嶼對頭来名叫角自氣在帆鋪邊横出是正路
可近嶼頭使有一白小嶼近大嶼有淺莫近過過山
使灣尾有石牌出水在帆鋪邊可近過打水陸柒托
用甲寅針近山使有小嶼在半澳名忌吉用甲寅針

取鼻頭山前見靈祿樹若打水捌玖托子細有泥礁在山頭下打水陸托是正路外是角思容入門先巡坤申使打水肆伍托平山尾過取角思容頭近佛家昔過打水肆伍托是正路灣內有所名叫都崙山在山邊外過來都是礁淺莫過中路過出門坤申邊有肆伍箇小嶼都在帆舘邊過門口有小嶼名叫角單帶外邊有老古內外通過若在內過打水捌托泥地又用單乙針若要外過用單卯針叁更船取角南稍嶼是占伴港口對開洋遠有光古生浪出水遠看山

不見坤申子細使若打水拾壹托正看此石若內過打水捌玖托可過若稱外過打水拾貳叁托通過坤申有三箇小嶼頭有石牌近又用乙辰針伍更船取角象坎山在馬戶邊近嶼打水捌玖托中路有老古不可過若內過子細看象中央過水內外通過打水五六托大嶼尾有二三箇小嶼近嶼使莫近坤申怕長腰嶼有淺石牌遠使過了小嶼尾前見角匙嶼山尾是角泰嶼及角骨嶼打水八九托用巽巳針伍更船取角沙巴及公嶼在外過打水十二三托平朋格

刷港只有一嶼在外兩邊是正港近嶼使丙巳針叁船取角沖有一個小嶼近坤申有礁不可近過打水十一托入門角沖及有大小嶼十中打水二十一托老古地若入第叁門中打水十五六托也是老古地若入山門使到中灣叁個小嶼嶼須好抛船討紫水使出門用单巳針前見角単使嶼在馬戸邊討水八托過了用单巳針伍更船取角生内外通過若内打水八托連大菓子嶼在帆鋪邊若在外過打水十一二托用单針若内過用丙巳針伍更船取假嶼内外

通過船内有叁嶼名吗角婆囉塵在帆鋪邊打水十二托若戧風使不得緊甚甚又真假在帆鋪邊入去又有一長嶼在馬戶邊入打水陸托在真嶼好枷船討柴水看好日好風方總開得使船在真嶼開洋用丙巳針貳拾更船打水十五六托若是白水是正路又用丙巳針拾更船又用单午針伍更船順風肆拾肆托沙地用单午針伍更船望見苧蔴山

暹羅貢物

象〇象牙〇犀角〇孔雀尾〇翠毛〇龜筒〇六足龜〇寶石〇珊瑚〇金戒指〇片腦〇米腦〇糠腦〇腦油〇腦柴〇檀香〇速香〇安息香〇黄熟香〇降真香〇羅斛香〇乳香〇樹香〇木香〇烏香〇丁香〇薔薇水〇碗石〇丁皮〇阿魏〇紫梗〇藤竭〇藤黄〇硫黄〇沒藥〇烏爹泥〇肉豆蔻〇胡椒〇白豆蔻〇蓽茇〇蘇木〇烏木〇大楓子〇苾布〇油紅布〇白纏頭布〇紅撒哈刺布〇紅地紋

節智布○紅杜花頭布○紅邊白暗花布○乍連花布○烏邊葱白暗花布○細棋子花布○織人象花文打布○西洋布○織花紅絲打布○織雜絲打布○紅花絲手巾○剪絨絲雜色紅花被面○織人象雜色紅花文絲縵○

八百五十八

給賜暹羅國

洪武間賜國王大統曆及織金紵絲紗羅等物永樂十五年給王錦四疋紵絲紗羅各十疋内各織金四疋王妃紵絲紗羅各六疋内各織金二疋宣德間各減半正統以後俱照永樂十五年例○正副使臣初到每人織金羅衣一套靴韈各一雙未經冠帶者給紗帽素金帶先曾到京冠帶者換給鈒花金帶正貢紵絲羅各四疋折鈔絹二疋綿布一疋織金紵絲衣一套通事人等初到每人素羅衣一套靴韈各一雙

未經冠帶者給紗帽素銀帶先曾到京冠帶者換給鈒花銀帶正賞紵絲羅各二疋折鈔絹一疋素紵絲衣一套番伴初到每人絹衣一套靴韈各一雙正賞折鈔綿布一疋胖襖袴鞋各一副其存留廣東有進貢者頭目人等每人賞素紵絲衣一套紵絲羅各二疋從人每人絹衣一套紵絲一疋番伴人等每人折鈔綿布一疋胖襖褲鞋各一副使臣人等進到貨物例不抽分給與價鈔

暹羅象語

天 普剌

日 脉

地 佃因

月 晚

御製頒賜暹羅詔勑

洪武九年命禮部員外郎王恒中書省宣使蔡時敏賜暹羅國王參烈寶毘牙思里哆哩禄詔

詔曰君國子民非上天之明命后土之鴻恩曷能若是華夷雖間樂天之樂率土皆然若為人上能體天地好生之德協和神人則禄及子孫世世無間矣爾參烈寶毘牙思里哆哩禄自嗣王位以來内修齊家之道外造睦鄰之方况頻遣人稱臣入貢以方今蕃

八百六十

王言之可謂感德矣豈不名播諸蕃哉今年秋貢象入朝朕遣使往諭特賜暹羅國王之印及衣一襲爾尚善撫邦民永為多福

洪武二十八年遣中使趙達宋福等祭暹羅國故王叅烈昭毘牙賜嗣王昭禄群膺勅

勅曰朕自即位以來命使出疆周于四維諸邦國足履其境者三十六聲聞於耳者三十一風俗殊異大國十有八小國百四十九較之於今暹羅為最近邇者使至知爾先王已逝王紹先王之緒有道於家邦

臣民歡懌茲特遣人祭已故者慶王紹位有道勑至其罔戾法度罔淫于樂以光前烈其敬之哉

永樂十三年勑暹羅國令與滿剌加國平

勑曰朕祗膺天命君主華夷體天地好生之心以為治一視同仁無間彼此王能敬天事大脩職奉貢朕心所加蓋非一日比者滿剌加國王亦思罕答兒沙嗣立能繼乃父之志躬率妻子詣闕朝貢其事大之誠與王無異然聞王無故欲加之兵夫兵者凶器兩兵相鬭勢必俱傷故好兵非仁者之心況滿剌加國

王既已內屬則為朝廷之臣彼如有過當申理於朝廷不務出此而輒加兵是不有朝廷矣此必非王之意或者左右假王之名弄兵以逞私忿王宜深思勿為所惑輯睦鄰國無相侵越並受其福豈有窮哉王其留意焉

洪武十年命禮部移咨暹羅國王轉達爪哇國

自有天地以来即有君臣上下之分且有中國四夷之禮自古皆然我　朝混一之初安南占城真臘暹羅大琉球皆修臣職惟三佛齊梗我聲教夫智者憂未然勇者能從義彼三佛齊以蕞爾之國而行奸於中國之中可謂不畏禍者矣爾暹羅國王猶守臣職我　皇上眷愛如此可轉達爪哇俾以大義告于三佛齊三佛齊係爪哇統屬其言必信或能改過從善則與諸國咸禮遇之如初勿自疑也其後爪哇併三

佛齊廢其國

奏留暹羅夷人教習夷字

正德十年大學士梁儲

疏曰：據提督四夷館太常寺卿沈冬魁等呈，該回回館教習主簿王祥等呈，切照本館專一譯寫回回字，凡遇海中諸國如占城、暹羅等處進貢來文，亦附本館帶譯。但各國言語土字與回回不同，審譯之際，全憑通事講說，及至降勅回賜等項，俱用回回字。今次有暹羅國王差人來京進貢金葉表文，無人識認，節次審譯不便。及查得近年八百大甸等處夷字失傳

該內閣具題暫留差来頭目藍者歌在舘教習成效
合無比照藍者歌事例於暹羅國来夷人內選留一
二名在舘并選各舘官下世業子弟數名送舘令其
教習待有成之日将本夷照例送回本王等因實為
便益據此臣等看得習譯夷字以通朝貢係是重事
今暹羅夷字委的鈌人教習相應處置合無着禮部
行令大通事并主簿王祥等將本國差来通曉夷字
人再加審譯暫留一二在舘教習待敎有成効奏請
照例送回庶日後審譯不致差誤

奏止暹羅助勦日本疏

萬曆二十年十二月廿一日兩廣揔督蕭彦

兩廣揔督蕭彦一本夷心難測借兵宜慎懇乞　聖明覆行酌議以銷隱憂以圖萬全事臣待罪海邦本年十一月初一日接閲邸報該兵部一本奏稱暹羅夷使自願出兵勦倭緣由奉　聖旨據夷使所稱具見忠義然事関重大還行與兩廣揔督着移文另選一能事官員與原差官并夷使同往彼國宣諭　朝廷德意取有回文方可頒勑舉事餘應行者俱依擬

欽此欽遵已經通行司道將領等官一面遴委聽候
外臣惟時事多故島夷告急此　皇上宵旰之辰正
臣子捐糜之日乃暹羅夷使以助兵請於兵部兵部
亟以聞而　皇上允之蓋譬之醫然急則治標緩則
治本今固其治標時也倘可藉此滅倭豈惟紓目前
之患抑亦彰一統之盛矣臣復何言然而暹羅地圖
粵人得之最真暹羅情形粵人知之最悉近自聞報
以來粵中士庶皇皇偶語不勝杞憂而司道等官亦
皆嘖嘖言之臣　叨守封疆若復以言為諱異日者不

幸如粵人所慮臣身不足恤如國事何用敢備陳其狀而　皇上試矜而察焉查得暹羅極居西與滇南相對日本居極東與吳越相對約相去一萬一千餘里而界其中者有安南占城滿喇加琉球等國在焉暹羅之於日本惟是風馬牛不相及也暹羅雖世守職貢於嘉隆之間久已愆期至萬曆元年而始貢十九年而再貢彼其於　中國又非素効忠誠如朝鮮比也乃欲悉其東兵越人之國以犯兵法之所甚忌而為我　中國效力不亦難乎臣竊度夷使之告出衷

八百六十五

使口耳其國王之心不可知即夷使之告又或出各
通事有志功名者意耳其夷使之心不可知萬一我
不能必之夷使夷使不能必之國王將令而不從賞
而不為意不以道遠為詞則以風惡為解毋乃徒示
中國弱生四夷心乎然此猶無害也周以狄伐鄭
而狄卒病周唐以回紇制胡而回紇卒病唐若通金
伐遼通元伐金宋之覆轍尤有不忍言者非我族類
其心必異前門拒虎後戶進狼自古而患之令天下
固全盛時也以天下之力禦此島夷似無甚難而乃

欲借兵暹羅臣聞暹羅之強不減日本其狡又不減日本而技稍讓之以水戰則日本不敵暹羅之舟以陸戰則暹羅不敵日本之技藉令暹羅果提兵而往萬一不利必且請援於我將拒之耶則彼固有辭抑援之耶則力又不給是未收日本之功而先搆暹羅之釁也是兩樹之敵也又藉令往而利也而果能紓我一時急也周臣有言報者倦矣施者未已彼又且挾已之功輕我之備以為　中國無如日本何其如暹羅何臣恐異日之憂不在日本而在暹羅也然此

猶可圖也至於地方之憂如粵人所皇皇者臣又嘗籌之查得由暹羅至日本皆海也計必用舟師而其用舟師也先之廉雷瓊高繼之香山東莞廣州惠潮達於漳福台寧而後抵日本蓋中華靡麗之地無一不歷之而粵固首當其衝者也彼其奉檄而來舳艫蔽空勢必要我粮餉而數且無定責我賞勞而欲且無厭闖入我郊闃其誰禁之蹂踐我百姓其誰敵之蓋狼土之兵所過為墟況暹羅哉而況奉　天朝之命以紓　天朝之急又何憚不為哉我問之則曰為

中國來也不問之又恐其有他變也且濵海奸人
出入夷邦包藏禍心者實繁有徒一見夷兵之報彼
且投入其中多方撥置而廣之香山又業有豪鏡澳
在焉不知始自何年生此厲階迨至於今竊據海上
不下萬衆幾於尾大不掉其所恃為羈縻者特目前
市舶利耳而犬羊之性終不可測則其人皆暹羅佛
朗機滿喇加諸國之夷而　中國亡命間亦有之辟
之癭附于頸留之不可去之不能則此類是也暹羅
渡海必將出於其途萬一戎心叵測而閩廣之人積

八百六十七

奸臣猾若爨之曾一本林道乾者又潛為之主彼且借一釁端突然而起如土番劫盟故智以直入廣廣不可為矣又不然而或存留多夷于中若爨之俺荅所以禍西寧者然異日之害亦寧有已時哉而闖越勿論矣大都暹羅之兵背約而不出則損我　國體而其為害也小如約而出則無益於　國事而其為害也大臣又計之暹羅即誠心助兵亦安能空國而行多則三五千少則二三千聊以應我之命而索我之賞耳方今以全盛之天下　朝廷誠下尺一之

詔閩募若干浙募若干即萬兵可以立致而時當有事人人思奮即統萬兵寧患無人又豈必借力於暹羅而自見弱且貽患也況夷使久住　京師遼左告急之狀聞且見之而我復借兵於彼益示之弱且安知暹羅不有如閩白者乎又安知異日者不有伺隙而動乎雖萬萬無此然不可不為之慮也而或者曰以夷攻夷古稱上策何慮之有臣則謂以夷攻夷惟平時行之可也操縱在我也事急借兵而擬之以夷攻夷不類矣該部之見豈其遂不及此而華夷地隔

况艱於不及知忠愛心切又迫于不暇悉故止謂暹羅之助兵也而不意其兵之必由海也不意其由海而廣而閩淅也不然雖暹羅百請而背從之哉臣非不知事在燃眉計不旋踵而揆之愚衷參之聞見以為藉夷兵必無益而用夷兵且有害近之則害先于粵東而究之則憂貽于　國家故敢冒死以陳伏乞

勅下兵部查果臣言有據覆議上　請亟寢前議以圖萬全其防勦倭夷萬一兵力不足或酌行各省定以名數選一能將募送　闕下惟　皇上用之何

患乎島夷何資於暹羅將海波可靖而太平無疆矣

臣不任戰惕待　命之至奉　聖旨兵部知道

彭坑

其處在暹羅之西石崖周匝崎嶇遠望山平如寨氣候温和田沃米穀豐足男女椎髻繫單裙富家女子金圈四五飾於頂髮常人五色燒珠穿圈風俗尚怪刻香木為人殺人血祭禱求福禳災煑海為鹽釀漿為酒貨用金銀色絹爪哇布銅鐵器鼓板之屬地産黄熟香沉香片腦花錫降香永樂七年寶船至其國

八百七十

三嶼國

三嶼國散居南海中近瑠球每一聚落約一千餘家地多崇岡疊嶂憑高依險編茅為屋其人形短而小眼圓而黃虬髮露齒巢于水巔或三五為群踆伏草莽以暗箭射人投以瓷碗則俯拾跳呼而去元世祖至元三十年命選人招誘之平章政事伯顏等言臣等與識者議此國之民不及二百户時有至泉州為商賈者去年入瑠球軍船過其國國人餉以粮食館我將校無它志也乞不遣使帝從之

廣記

爪哇國疆里

爪哇國相近牒里濱海有東西二王古訶陵也佛書云兜國一曰闍婆又名蒲家龍在真臘之南濱海唐書云在南海中其國東至婆利國西至三佛齊南至海北至真臘屬國二十八

占城至爪哇國路程

自占城起程順風二十晝夜至其國港口有村曰杜板僅千家二頭目主之人多閩廣流寓者鷄羊魚菜

甚賤海灘一小池曰聖水甘淡可飲即元將史弼高興鍾鎗海中祝天而湧者也又東行半日入北馬頭曰厮村中國人成聚落遂名新村約千餘家居民環接編茭樟葉覆屋鋪店連村各處番舶至此互市金寶番貨又南水行半日至淡水港其港流出淡水沙淺大船難進只用小艇行二十餘里至蘇魯馬益有千餘家半中國人港旁大洲林木蔚茂多長尾猢猻又水行八十里至漳沽登岸西南陸行半日至滿者百夷國王所居之地僅二三百家總領七八人王宮

磚墉墉高三丈方三十餘里屋高四丈地覆板　其所屬有蘇吉丹打板打網底勿数種

瓜哇山川

保老岸山在蘇吉丹國凡番舶未到先見此山頂聳五峯時有雲覆其上　鸚鵡山產鸚鵡　八節澗乃瓜哇咽喉必争地元将史弼嘗會兵於此

瓜哇國統

漢時鬼子魔天與青面紅身赤髮罔象生子百餘啖爪哇國人幾盡忽雷震石裂中坐一人領餘衆驅逐

罔象自是生齒安業其王舊居闍婆城祖吉延東遷於婆露伽斯城唐太宗貞觀中與墮和羅墮婆登皆入貢至上元間國人立女子爲王號令整肅道不拾遺大食諸國聞而畏之不敢加兵宋元嘉十二年遣使朝貢淳化三年十二月其王穆羅茶遣使來云中國有真主本國乃修朝貢之禮大觀三年遣使貢建炎三年以南郊恩制授懷遠軍節度琳州管内觀察處置等使金紫光禄大夫檢校司空使持節琳州刺史兼御史大夫上柱國闍婆國王紹興二年復加食

邑會討

元世祖至元二十九年二月詔除史弼亦黑迷失高興平章政事征爪哇會福建江西湖廣三行省兵凡二萬發舟千艘給粮一年鈔四萬錠降虎符十金符四十銀符百金段百端用備功賞三十年正月至构欄山議方畧大軍繼進於吉利門弼興進至爪哇之杜並足與黑迷失等議分軍下岸水陸並進水軍自杜並足由戎牙路港口至八節澗馬步軍自杜並足陸行秉鑽鋒舡由戎牙路於麻喏巴歇浮梁前進赴八節澗三月一日會軍八節澗澗上接杜馬班王府

下通莆奔大海乃爪哇咽喉必爭之地行省於澗邊設偃月營水陸並進獲鬼頭大船百餘艘十五日分軍為三道伐葛期十九日至荅哈葛郎國主以兵十一萬交戰自卯至未連三戰賊奔潰擁入河死者數萬人殺五千餘人是夕國主哈只葛當出降

邑實朝九世祖嘗舉兵伐英國不克後遣將史弼高
興征之番兵百萬餘衆退敗史乘勝長驅生擒番人
烹而食之（其國王哈只葛出降）遂獲酋長以歸既服罪尋放還仍封為瓜
哇國王　本朝洪武二年遣行人吳用顏宗魯賜其
國璽書三年其主昔里八達剌八剌蒲遣使八的占心朝貢
納前元所授宣勅二道詔封為國王九年封三佛齊
國其王八達那巴那務怒朝廷待三佛齊與之埒使
臣過其境邀殺之十三年復遣其臣阿烈彜烈時奉
金葉表章貢黑奴三百人俟命月餘俾歸三十年

上以爪哇所屬三佛齊國挾詐阻絕商旅禮部移文暹羅轉達其國諭之後其國分為東西永樂二年西王都馬板遣使奉表賀即位二年東王孛令達哈亦遣使朝貢且奏請印章命鑄塗金銀印賜之復賜東西二王紵絲紗羅帳幔手巾羊酒器皿王妃紵絲紗羅手巾等物三年遣行人譚勝受往爪哇招流民梁道明等是年西王復貢其旁近𠎝里日夏羅治金猫里三小國各遣使同至朝貢俱賜文綺襲衣四年西王貢珍珠珊瑚空青等物東王亦貢馬既而西王與

東王相戰遂殺東王時我使人舟過東王城被西王殺我百七十人西王遣使言東王不當立已擊滅之矣降　詔切責五年西王都馬板上表遣亞烈加恩請罪願償黄金六萬两復立東王之子從之六年西王都馬板獻黄金一萬两謝罪禮部臣言其欠償金五萬两下使者法司治之　上曰遠人欵其畏罪則已豈利其金耶且既能知過所負金悉免之仍遣使賫勅諭意八年西王貢馬及方物十一年西王又貢十三年西王都馬板更名楊惟西沙遣使謝恩十六

年西王遣使獻白鸚鵡十九年又貢　正統三年復遣使貢八年令其國三年一貢景泰三年西王遣使求討傘蓋蟒龍衣服詔各給其一四年復貢方物宴犒其使賞賜織金素羅衣服靴襪通事頭目人等女使并女頭目俱同又命齎綵幣賜王及妃自後不常至間或朝獻云

爪哇制度

國無城郭其王椎髻戴金鈴寶冠衣番布錦袍下圍綵嵌手巾一條再用錦綺加　上躡革履坐方　牀官吏日　謁三拜

八百七十七

而退出入乘象或乘牛或腰輿壯士五七百人執兵器以從國人見王來皆坐俟其過方起以木為城室宇壯麗內設重門飾以金碧民居茅茨磚庫坐卧于內不設刑禁鞭杖犯罪者隨輕重出黄金以贖事大如寇盜之類用細藤背縛兩手擁行數步即以扒刺頭於罪人腰根或軟脇刺死斯國無曰不行殺戮可駭也其官爵國王以其子三人為副王官有落佶連四人共治國事如中國宰相無月俸隨事量給土產諸物次有文吏三百餘員目為秀才又有卑官殆千

員

爪哇風俗

天氣常熱如夏有文字知星曆其國地廣人稠甲兵火銃為東洋諸番之雄其俗尚氣好鬬生子一歲便以七首佩之刀極精巧名曰扒刺頭以金銀象犀雕琢人鬼為靶男子無老幼貧富皆佩若有爭詈即拔刃相刺盖殺人當時拿獲者抵死逃三日而出則不抵死美男子鬃頭裸身赤脚腰圍单布手巾能飲酗酒重財輕命婦人亦然惟項金珠聯紉帶之兩耳塞茭樟

葉圍於竅中其婚姻男子先至女家成親三日後迎女歸男家則打銅鼓吹椰殼筒放起火及銃前後短刀團牌圍繞其婦披髮裸身跣足圍纏嵌絲手巾頂佩金珠腕带金銀親朋裝插採船以賀至家飲酒作樂數日而止喪葬父毋將死先問其欲焚欲棄水中死後依遺命為之若與犬食擡其屍至海濵或野地俾犬食盡為好如食不盡則悲歌號泣又有富人及尊貴者將死其親厚婢妾誓曰死則同往至期堆柴于旁衆婦盛粧坐其上登跳號哭投入火内殉葬其

田膏腴地平衍穀米富饒倍於他國民不為盜道不拾遺人有名而無姓五月遊江十月遊山或乘山馬或乘軟兜樂有横笛鼓板亦能舞諺云太平闍婆也每月月明之夜番婦數十成群以臂遞相聯挽行歌互答步月行樂新年有竹鎗會國王及妻乘高車往觀之其鬪竹鎗之人妻孥皆執木棍以從如被戳死王令勝者出金錢一箇與死者之家死者之妻即隨勝者以去其互市行使中國歷代銅錢或剪銀葉為錢衡量倍于中國書記無紙筆用尖刀刻茭樟葉字

如鎖俚字亦有文法賓客往來無茶以檳榔萋葉代之有病不服藥但禱神求佛大抵國人三種一等回回人西番各國商販寓此服食雅潔一等廣東及漳人逃居其間有尚回回教持齋受戒者曰唐人一等土人顏色黝黑有名無姓尚氣好鬬猱頭赤脚信鬼坐卧無椅榻飲食無匙箸以盤滿盛飯攪酥油湯汁和之用手撮入口蛇蟻蟲蚓畧以火炙便喫家畜犬與人同寢食不為穢也有毒女人與接輒若瘡其酒以柳花椰子及蝦螺丹樹或以桄榔檳榔釀成亦甚香

美田禾一年兩熟亦有講說前朝故事平話人卷一紙畫蟠膝坐地上展出一段前代故事番語高聲鮮說貨用中國青花磁器麝香花絹紵緣燒珠之類

瓜哇物產

稻米粒細白　芝蔴　菉荳

椰子　石榴　蓏吉柿形如石榴皮厚瀾內如橘囊有白肉四塊味甘酸　梛抿形如枇杷而大內有白肉二塊味甘酸　甘蔗　芭蕉　蓮子　西瓜　茄

東瓜　芋

沉香　茴香　檀香樹與葉似荔枝　龍腦香　丁香　蓽澄茄其藤蔓衍春花夏實花白而實黑　木瓜　檳榔　胡椒樹如蒲萄以竹木為棚架三月花四月實五月收採曬乾　紅花　蘇木　桄榔木　吉貝　肉荳蔻　班猫　裴劍藤

猪　羊　馬　牛　犀牛即隨和國犀甚美　象

猴相傳唐時一家凶惡男婦五百餘口悉化為猴土人及商嘗祭之不然有禍番婦無嗣禱之即有二猴至前交合為驗　白鹿　白猿猴

鷄　鴨　孔雀　五色鸚鵡能[illegible]言語歌曲　倒掛鳥身形如雀羽毛五色日間聞香則收而藏之羽翼夜則張尾翼倒掛以放香　花班鳩　頻伽鳥

玳瑁

金　銀　鐵　琺珠　硫黄　青鹽不假煎煑日曬而成

銃今中國所傳銃大者為佛郎機小者為瓜哇其國人用之極精擊雀於數十步外皆奇中

廣州往瓜哇針位

南亭門開洋用坤位未針伍更船平烏豬洋用坤未針拾叁更船取七洲洋用坤未針柒更船及未針貳拾更船取外羅山用丙午針柒更船取校柸嶼及羊嶼用丙午針伍更船取大佛山用丙午針拾叁更船取東董山用丙午針拾伍更船用单午針叁更船取陀龍山東南邊大山是銅鼓山入門打水拾伍托近看都是坤申門中西邊有小嶼名吽沙潮皮東邊過船正路用单丁針柒柒更船取大嶼一小嶼生開在外

西邊過船正路用丁午針肆更船取雞籠嶼用午針拾更船取美蘭山東邊高大北邊看有一個小嶼是雞籠嶼樣西邊抵長北長拋尾門中一小嶼東有泥淺西邊過船正路用丙午針拾叁更船取吉里悶山用單午針及丙午針伍更船取楜撒山用丙巳及單巽針拾更船取是爪哇

爪哇回廣東

那羅關詳用壬子針拾更船取吉里悶山邊看使大船章杉杈樣近東長高大成一個大山西邊坤申尾

有老古雖山若是東南風用壬子針若是東風用壬子針拾更打水十七八托硬地用壬子針拾更船取羨蘭山用癸子針及單癸針取遐里馬打山用單壬針拾伍更船取吳哄嶼用單壬針伍更船取搭林嶼用壬子針伍更船取馬鞭山用壬子及壬癸針肆拾伍更船取赤坎山用單丑針伍更船取羅灣用癸丑針肆更船取伽藍貘山用子癸針叁更船取大佛靈山用子針伍更船取校杯嶼及羊嶼用子癸針柒更船取外羅山用子癸針貳拾更船平獨猪洋用單癸

八百八十二

針柒更船平七州洋用癸丑針拾叁更船平烏猪洋用單癸針柒更船取南亭門是也

地滿往舊港針路乃呱哇地方

地滿山生東角尖用丙午過用單午針是東西竹又丙午針十更船取長腰嶼用丁午針十更船見龍牙門山在馬鋪邊過單午針三更船取饅頭嶼用單午及丁午針三更船見七嶼在帆鋪邊来用單午針及丁未針四更七更船平家在帆鋪来西南山第二山見泥礁用坤申針收舊港見坤申三港中間一港是正路也

舊港收回地滿山針路

出港口用壬子針四更船取七嶼用单癸針三更船
取饅頭嶼癸丑及子癸針十更船取龍牙門用壬子
針十更船取長嶼用单子針取東西竹收到地滿是
也

呱哇往舊港針路

呱哇杜板開洋用壬子針離用用乾亥針十二更船取吉里悶山東北外過單乾針使五更用乾戌針三十更船取三麥嶼打水九托十托北邊過船正路打水八九托南邊過船打水四五托用壬亥針進峽門用單乾戌針十更船取港口坤申有三港中間一港有小嶼是正路入港是也

舊港回呱哇針路

舊港開洋用乙卯針平第一坤身尾用單辰針沿坤

身使取彭家山尾見三麥嶼用巽巳針前面南北二邊有浅水打水四五托嶼邊有老古石不可近嶼使東邊過船東風用巽辰針三更船用乙辰針七更船用辰巽針二十更船見香爐山南邊山高大若西南風用乙針使見山在尾後打水三十二三托用乙辰五更船見吉里悶山在船頭對来用單辰針取棚椒山刺喙麻里東山收托杈是也

崑崙往呱哇針路

崑崙放洋用丁未針貳拾更船用單未針貳拾伍更船取苧麻山及東西竹山用丙午針拾更船取長腰嶼用丁午針拾更船見龍牙門山在馬户邊用單午針叁更船取彭家山在帆舖邊用辰巽及單巽針拾更船是進夾門用單丙針見麥嶼南北貳邊有浅打水肆伍托嶼邊有老古石不可近嶼東邊過船是正路東風使用辰巽針及單巽針二十更船見香炉山在南邊山高大若西南風用單乙針使見山在頭尾

後打水六七托用單辰針伍更船見吉里悶山在船頭對來用單辰針見椥撖山剌嘮麻里東收托杈是也

噶喇吧回崑崙針位

噶喇吧開洋用壬子針離山遠用乾亥針拾貳更船取吉里悶山外過單乾針伍更船用乾戌針三十更船取三麥嶼打水九托十托東北邊過船正路打水八九托南邊過船四五托用壬癸針進峽門用單乾針及乾戌針拾更船平舊港口外是彭家山用壬子針

叄更船見七嶼用癸針叄更船取饅頭嶼用癸丑針拾更船平龍牙門大山用壬子針拾更船取長腰嶼用單子針拾更船取東西竹及苧麻山用子丑針及單癸針四十五更船取崑崙是也

爪哇國貢物

火雞　鸚鵡　孔雀　孔雀尾　翠毛　鶴頂　犀角　象牙　玳瑁　龜筒　寶石　珍珠　薔薇露　奇南香　檀香　麻藤香　速香　降香　木香　乳香　黃熟香　安息香　烏香　龍腦　丁皮　沒藥　肉豆蔻　白豆蔻　藤竭　血竭　蘆薈　阿魏　大楓子　番木鼈子　蓽澄茄　蓽茇　悶蟲藥　黃蠟　番紅土　烏爹泥　金剛子　碗石　錫　西洋鐵　摺鐵刀　鐵鎗　苾布　油紅

布　蘇木　烏木　胡椒

給賜瓜哇國

永樂初賜東西王紵絲紗羅帳幔手巾羊酒器皿王妃紵絲紗羅手巾等物正統三年賜王紵絲十疋紗羅各三疋妃紵絲六疋紗羅各二疋景泰三年因王求討給傘蓋一把蟒龍衣服一領　使臣通事頭目人等初到賞織金素羅衣服靴韈正賞紵絲紗羅絹布女使并女頭目俱同　貢物給價

御製頒爪哇國　璽書　詔

洪武二年遣行人吳用顏宗魯賜爪哇國王昔

里八達璽書

書曰中國正統胡人竊據百有餘年綱常既隳冠履
倒置朕是以起兵討之垂二十年海內悉定朕奉天
命以主中國恐遐邇未聞故專報王知之使者已行
聞王國人捏只某丁前奉使于元還至福建而元亡
因來居京師朕念其久離爪哇必深懷念今復遣人
送還頒去大統曆一本王其知正朔所在必能奉若

天道俾爪哇之民安於生理王亦永保祿位福及子孫其勉圖之弗怠

洪武十三年詔諭爪哇國王八達那巴那務

詔曰聖人之治天下四海內外皆為赤子所以廣一視同仁之心朕君主華夷撫馭之道遠邇無間爾邦僻居海島頃嘗遣使中國雖云脩貢實則慕利朕皆推誠以禮待焉前者三佛齊國王遣使奉表來請印綬朕嘉其慕義遣使賜之所以懷柔遠人爾柰何設為姦計誘使者而殺害之豈爾恃險遠故敢肆侮如

是歟今使者來本欲拘留以其父母妻子之戀夷夏則一朕推此心特命歸國爾國王當省己自脩端秉誠敬毋蹈前非干怒中國則可以守富貴其或不然自致殃咎悔將何及

永樂十一年勅爪哇西王都馬板

勅曰前內官吳賓等還言王恭事朝廷禮待勅使有加無替比聞王以滿剌加國索舊港之地而懷疑懼朕推誠待人若果許之必有勅諭今既無朝廷勅書王何疑焉下人浮言慎勿聽之今賜王文綺紗羅至

可領也

爪哇寄語

珍珠　沒爹蝦羅　犀角　低蜜

象牙　家羅　香　崐墩羅林

蘇魯馬益村

屬爪哇港口有一洲林木森茂有長尾猴數萬集於樹一黑老雄猴為主劫一番婦隨之國人無子者使其妻備酒殽蔬菓往禱於老猴喜則先食其物餘令衆猴爭奪盡食之隨有雌雄二猴前來交感為驗則

婦人回即有孕若不食不交感則無子矣其地鷃䳱大於雞有白者紅者綠者五色者柹狀如石榴皮厚如橘囊肉四瓣味甜酸甚佳蔗色白而長二三丈父母將死則子問身後欲犬食或火或棄水中隨所願死則依言送之如欲犬食者則舁屍至海邊或野外其犬數千食之盡者爲孝子若有餘則子女悲號舉其餘棄諸海

八百九十一

重迦羅

其地與爪哇界相接高山奇秀内有一石洞前後三門可容一二萬人田穀與爪哇畧同氣候常暑風俗頗淳男女撮髻身披單布長衫圍稍布手巾無酋長以年高有德者主之煮海為塩釀秫為酒貨用花銀花絹地產羚羊鸚鵡木綿椰子綿紗其處約去數日水程曰孫陀羅琵琶拖曰丹重曰圓嶠曰彭里不事耕種專尚寇掠與吉陀崎諸國相通所以商舶少能至永樂七年寳船至其國

吉里地悶

其國居重迦羅之東連山茂林皆檀香樹無別産馬頭商聚十二所有酋長田肥穀盛氣候朝熱暮寒男女斷髮穿短衫夜卧不蓋其體商舶到彼皆婦女到船交易人多染疾病十死八九蓋其地瘴氣及其婬污之故也貨用金銀鐵器磁碗之屬永樂七年寶船至其國

海國廣記

明吳人慎懋賞輯

滿剌加國

疆里

滿剌加國舊名五嶼即哥羅富沙也在占城東南好風八日可到其國東至海西至山南至海北至山

廣東至滿剌加針路

自廣東東莞縣南亭門放洋南至烏豬洋獨豬洋七洲洋星盤坤未針至外羅坤申針四拾五程至占城

舊港經大佛靈山其上烽墩則交趾屬也又未針至崑崘山洋直子午收龍牙門港西行貳日程至其國

又滿加剌陸行可達暹羅國

滿剌加山川

鎮國山在國之西永樂　年　御製碑文　五嶼在海中　錫山產錫

大溪其水繞王宮東入於海

滿剌加國統

滿剌加國舊爲暹羅屬域不稱國因海有五嶼遂有

五嶼之名其國爲諸夷輻湊之地亦海上一小都會
也舊亦無王只頭目管事歲輸金四十兩於暹羅漢
時嘗通中國　本朝永樂三年其王西利八兒速剌
遣使奉金葉表文朝貢賜王綵段襲衣七年命中官
鄭和等持詔封爲滿剌加國王賜銀印冠帶袍服使
者言王慕義願同中國屬郡歲效職貢又請封其國
之西山定疆域俾暹羅不得侵擾　上悉從之詔封
西山爲鎮國山賜以　御製碑文勒石其上九年嗣
王拜里迷蘇剌率其妻子陪臣五百四十餘人來貢廣

州驛聞　上念其跋涉海道遣中官海壽禮部郎中黄震等往宴勞之復命有司供張會同舘既至奉表入見并獻方物　上御奉天門宴勞之別宴王妃及陪臣等仍命光禄寺日給牲牢上尊命禮部賜王錦繡龍衣二襲麒麟衣一襲及金銀器皿幃幔裀褥賜王妃及其子姪陪臣傔從文綺紗羅襲衣有差出就會同舘復宴既而王辭歸餞於奉天門別餞王妃陪臣等賜王金鑲玉帶儀仗鞍馬黄金百兩白金五百兩賜妃冠服白金二百兩賜王子姪冠帯并陪臣等

各賞賚有差復命禮部餞於龍江驛仍賜宴於龍潭驛十一年王遣人至爪哇國索舊港地謂請于中國已許之矣 上詔爪哇勿聽十二年國王子毋斡撒于的兒沙來朝告父卒宴賜如待王妃十七年國王亦思罕荅兒沙嗣立復率妻子入朝後暹羅國欲舉兵攻之遣使來告 上詔暹羅國與平二十年其子西哩麻哈剌以父新没率其妃及陪臣至闕朝貢宣德九年時滿剌加國差巫寶赤納來訴其國爲暹羅所侵擾禮部言諸番貢使例有賜予今巫寶赤納非有貢物賞賜無例 宣宗曰遠人數萬里來訴不平豈可不賞遂賜貯絲襲衣綵帛表裏綿布悉如他

國貢使例景泰中王子無荅佛哪沙請封遣兵科給事中王暉往封之天順三年王卒其子蘇丹芒速沙襲爵成化十四年嗣王復請封　上命禮科給事中林榮為正使行人黄乾亨為副使往封之竣事而還是役也軍民之在行者千人物貨太重而火長又昧於經路次交阯之占壁羅誤觸鐵板沙船壞二使溺焉軍民死者十九正德間佛朗機之舶來互市爭利而鬨夷王執其哪嗟而囚之佛朗機人歸愬於其主議必報之乃治大舶八艘精兵及萬乘風突至時已踰年國中少備大被殺掠佛朗機夷酋進據其宫滿剌加王退依陂隄里老幼存者復多散逸佛朗機將以其地索賂於暹羅而歸

之暹羅辭爲佛朗機整衆滿載而去王乃復所後國王復遣使進火鷄至今通貢不絶

滿剌加制度

國王國人皆從回回教門持齋受戒王服用細白番布纏頭身穿細花青布如袍脚穿皮鞋出入乘轎王居前屋用瓦乃永樂中太監鄭和所遺者餘屋皆僣擬殿宇以錫箔爲飾遇制使若列國互市王即盛陳儀衛以自儆備樹木爲柵設有四門夜則巡警婦女以夜爲市禁以二鼓而罷脱有過禁者遍巡徼姑郎

伽啝即執而戮之王亦不詰也輕刑鞭撻罪至死者斷木為高樁而鋭其末入土二尺許以囚大孔貫鋭端輾轉哀嗷頃之洞腹而死

滿剌加風俗

其國東南傍海西北多山地沙瘠氣候朝熱暮寒田瘠少收内有山泉流成大溪國人淘沙取錫其水達王居而東以達於海王於溪上建立木橋造亭二十餘間諸凡貿易俱在橋上男子方帕包頭女人撒髻腦後上穿色布短衫下圍白布各色手巾身膚漆黑

閣有白者唐人種也其尊官稱姑郎伽唧巨室稱南和達民多饒裕南和達一家楜椒有至數千斛象牙犀角西洋布珠貝香品蓄積無筭俗不尚鬼男子鷄鳴而起仰天呦呦而呼哈喇蓋哈喇者天地父母之通謂也文字皆梵書貿易以錫行大都錫三斤當華銀一錢耳牙儈交易搦指節以示數千金貿易不立文字指天為約卒毋敢負者不產五穀米稻皆暹羅崛嵉陝隄里所貨糴俗禁食豕肉華人流寓或有食者輒惡之謂其厭穢也其地多酥酪富夷以和飯而啖

雞犬鵝鶩常仰販於他國故一物之價五倍於華也民性獷暴而重然諾鈀鑯不離須刻生男二歲即造小鈀鑯而佩之一語不合便戡刃其胷死即刃者輒逃匿山谷踰時乃出死者之家不復尋讎姑即伽啷亦不復追論矣交會則交捫其心以為禮誤捫其首則勃然忿爭貧民傾事剽掠遇獨客輒殺而奪其貲舶商假館主者必遣女奴服役日夕餽飲食少不知戒即腰纏皆為所攘取矣婚嫁尤論財男聘以十四而責女之奩資嘗數倍陪送奴国有五六房者市井

罵詈止於其身雖甚辱不大較若罵子孫而及父祖罵奴而及家長輒以死鬬故傭奴以土著為上謂其能扞主也房屋似樓閣上下鋪板但高及五尺許之際即以椰子樹劈開成條稀布用藤縛定如羊棧樣自有層次連床就榻蟠膝而坐飲食廚厠俱在其上民自淘錫之外多以漁為業用獨木刳舟泛海取魚其貨用青白磁器五色燒珠色絹金銀之屬

滿剌加物產

沙孤米山野有沙孤樹人剝其皮如中國之葛根擣

浸澄濾取粉作丸如菉荳大曬乾而賣可以為飯

波羅蜜　野荔枝　芭蕉　甘蔗　胡椒　茇葦葉

葱　薑　蒜　芥菜　東瓜　西瓜

蘇木　打麻樹其膠汁流落土內掘出如松香瀝青樣火燒即燃番人以此作燈點照風雨不滅番船造完溶此物塗其縫隙水不能入其明淨者却似金箔一般番人做成帽珠號為水珀

水牛每一頭值銀十六七兩　羊　虎有黑有黃有白有赤比虎差小能變人形白晝群入于市人有覺其虎者乃擒殺之

鷄

火鷄出滿剌加山谷大如鶴多紫赤色能食火吐氣亦煙餤也子如鵞胎殼厚踰重錢或斑或白島夷採為飲器注酒自熱成化乙未滿臘伽國貢火鷄高二尺餘身與凡鷄不同毛似黑綿羊亦麄項上無毛皮加斜紋項間一黑角投小塊帶火炭即啄之又白馬一瑩白無比長項而高身紅嘴銳飼以白砂糖和菉豆時華亭張汝弼為車駕郎中目擊之　山鳳喙首如鶴項足率七八尺翅翮過之能呑衆鳥敵人而啄其腦若刀斧然子大如椰瓢　鴨　龜龍高四尺四足身負鱗甲露長牙遇人即嚙噬即死漁人每被其害

花錫產自山中每山王令頭目管之差人淘出煎鑄

成塊曰斗錫每塊官秤重壹斤八両或壹觔四両每十塊用藤縛為小把四十塊為大把　硫黄

滿剌加貢物

犀角○象牙○玳瑁○瑪瑙珠○鶴頂○金母鶴頂○珊瑚樹○珊瑚珠○金鑲戒指○鸚鵡○黑熊○黑猿○白麂○鎖服○撒哈剌○白苾布○薑黄布○撒都細布○西洋布○花縵○薔薇露○梔子花○烏爹泥○蘇合油○片腦○沈香○乳香○黄速香○金銀香○降真香○紫檀香○丁香○樹香○木香○沒藥○阿魏○大楓子○烏木○蘇木○番錫○番鹽○黑小廝

福建安民鎮往滿喇咖國針路

五虎門安民鎮出門過梅花淺船從叄礁外打水壹丈捌尺過淺取官塘山打水船行叄礁東北正路過用巽巳針取東沙山用巳針叄更船取牛嶼用坤申針肆更船平烏坵山用坤申針柒更船打水柒捌托西邊過船近山泥地好往船平太武山用坤申柒更船平南澳山及外洋平山用單申針拾伍更船平大星尖用坤未針柒更船平東姜山及南亭門用坤未針伍更船取烏豬山用坤未針拾叄更船平七州洋

山用坤未針柒更船平獨豬山用單未針貳拾壹更

船取外羅山山外過用丙午針柒更船見校桮嶼及

羊嶼外過船用丙午伍更船平大佛靈山用單午針

叁更船平伽藍貌山用丁午針伍更船平羅灣頭用

坤未針伍更船平赤坎山外洋過有玳瑁鴨船近坤

申看不見玳瑁州用單未針拾伍更船取崑崙山外

過用單丁未針肆拾叁更船取苧麻山及東西竹將

軍帽內有火燒山用丁針柒更船平馬鞍山及達羅

漢嶼併白礁北邊進妙用丁針伍更船取龍牙門夜

間不許行船切防南邊牛屎礁過長腰嶼又防南邊沙塘淺及涼傘礁用單午針貳更船平吉里悶山用單乾針叁更船取崑宋嶼用單亥針叁更船取射箭山用乾針伍更舡取五嶼收滿喇咖為妙

滿喇咖回福建五虎門針路

五嶼開船用辰巳針伍更船平射箭山打水拾玖貳拾托用辰巽叁更船平崑宋嶼對开南邊有淺北邊坤申尾有老古淺用單巽針叁更船取吉里悶山沿北邊坤申都是泥淺用單辰針及乙辰針叁更船平

長腰嶼不可貪南南邊有凉傘礁及沙塘淺出龍牙門不許夜間行船用單卯針取官嶼不可貪南南邊有牛屎礁用申卯針伍更船取白礁北邊過船打水拾伍托正路船身又不可貪北邊切防達羅漢礁及有高低石礁若離白礁遠了用癸丑針柒更船取將軍帽及東西竹併苧麻山內過船用子癸針肆拾伍更船取平崑崙山外過船用癸丑針拾伍更船平赤坎山若船身開犯玳瑁州若船身攏恐玳瑁鴨玳瑁礁用丑艮針伍更船取羅遠頭用單癸針及癸丑針伍

更船取伽藍兒用单子針叄更船取平大佛靈山用壬子伍更船取校杯嶼及平羊嶼併新州港口用壬子針柒更船取外羅山東邊過船用单丑及丑癸針貳拾更船平獨猪山用单艮針伍更船平銅鼓山用艮寅針貳拾更平大星外過船用艮寅拾伍更船平南澳及山平山用艮寅叄更船大小耳山外過船用单艮肆更船平大武山用单艮針柒更船平鳥坵山内過船用艮寅針肆更船平中嶼用丑艮針伍更船討東沙山外過船用壬寅針取三礁及官塘收五虎

九百〇一

門妙也

崑崙往暹羅暹羅往滿喇咖針位

離淺用丁午針拾更船平佛嶼用單丙針拾更船大
小蘇梅山山內有三門都是可過船用單午針拾伍
更船平玳瑁嶼嶼內是中朴淺船不可近坤申行用
丙午針拾更船平孫姑那港口有三嶼名呌角奴角
猫外過船用丁午針伍更船取六坤下池其坤申尾
有淺生開是李大泥地方用單丙針柒更船平吉蘭
舟港口用丙午針肆更船平三甫嶼內過船見吉具
嶼在船頭并有一圓光嶼可近外大嶼行妙內有小

嶼不可近也用单午針伍更船平斗嶼内過船用单丙針伍更船取坊彭港口用单丙針伍更船平地盤山及東西竹將軍帽俱在外火燒山及猪母山俱放在内門也可行丙午針柒更船取達羅漢嶼嶼北邊坤申有淺船在達羅漢嶼内過船妙若不行内門往外尋白礁望白礁打水拾伍托正路着白礁在馬户邊過船又不可近羅漢嶼用庚酉針伍更船入龍牙門流水緊夜間不可行船用庚戌及辛戌針叁更船取吉里悶山用乾戌針叁更取崑宋嶼用单乾針伍

更取射箭嶼用乾亥針伍更船取五嶼肆伍托抛船坤申是滿喇咖為妙也

滿喇咖回暹羅針路

五嶼開船用巽巳針伍更船平射箭嶼用单巽針伍更船取昆宋嶼南邊有淺用单辰針叁更取吉里悶山沿北邊坤申使用乙辰針叁更船討長腰嶼防嶼南邊有凉傘礁及塘淺沙入龍牙門防北邊牛屎礁用乙卯針伍更船取馬鞍嶼嶼內可過船防北邊坤申尾有淺若是外出望白礁打水拾伍托正路船在

白礁仉舖過船離礁遠用单子針及子癸針伍更船平火燒山及外東西竹并將軍帽并前地盤山用单壬針及壬癸針伍更船平彭坊港口用单子針拾更船取斗嶼船在内過用壬子針伍更船取吉具嶼及一員頂嶼俱在外過船在此嶼内行姒不可貪西邉小嶼有沉礁前頭是三角嶼放在外上内有小嶼放在内邉舡往中行用壬子針肆更船吉蘭丹港口用单子針柒更船取孛大泥及六神下地其坤申尾有淺生開用壬子針伍更船取孫那姑港口口外有二

嶼名喚奴角猫用壬子針拾更船取玳瑁嶼內過防坤申邊中朴淺生開打水肆伍托行為妙用單子針拾更船取大小蘇梅山山內有三門都可過船用壬子針拾更船取佛嶼用單壬針拾更船取龜山用單壬針伍更船平筆架山用單子針拾更船收暹羅港口為妙也

給賜滿剌加國

永樂三年賜國王絲段襲衣九年王來朝賜錦繡龍衣二套麒麟衣二套及金銀器皿幃帳裀褥王妃及其子姪陪臣傔從絲段紗羅襲衣有差王還國賜金鑲玉帶一條儀仗一副鞍馬二匹金百兩銀五百兩鈔四十萬貫銅錢二千六百貫錦綺紗羅三百疋絹一千疋金綺二疋織金文衣二件王妃冠服一副及銀鈔錦綺紗羅等物陪臣賞賜有差以後定例回賜國王絲段十表裏紗羅各四疋錦二疋王妃絲段五

表裏紗三疋差來正副使并頭目初到每人賞織金羅衣一套靴韈各一雙正賞綵段四表裏紗羅各二疋折鈔絹四疋織金紵絲衣一套通事總管人等初到每人素羅衣一套靴韈各一雙正賞綾三疋折鈔絹六疋素紵絲衣一套番伴初到每人絹衣一套靴韈各一雙正賞折鈔絹二疋綿布二疋胖襖褲鞋各一副其正副使通事人等給賜冠帶及給換例與暹羅國同○正貢外附來貨物皆給價其餘貨物許令貿易

御製頒賜滿剌加勑

永樂九年勞滿剌加國王拜里蘇剌勑

勑曰王涉海數萬里至京坦然無虞者蓋王之忠誠
神明所佑也朕與王相見甚歡固當且留但國人在
望宜往慰之今天氣尚寒順風帆去實惟厥時王途
中善飲食善調護副朕眷念之懷

滿剌加寄語

天地　哈喇

大官府　姑郎伽哪

刀　鈀鑞

地　布迷

月　補藍

父母　哈喇

巨室　南和達

天　安剌

日　哈利

九州山

其山與滿剌加近產沉香黃熟香林木叢生枝葉茂翠永樂七年鄭和等差官兵入山採香得徑有八九尺長六七丈者六株香味清遠黑花細紋山人張目吐舌

海國廣記

明吳人愼懋賞輯

三佛齊國

疆里

三佛齊國古干陀利也畨名浡林邦今爲舊巷宣慰司在占城之南相距五日程居東南海中本南蠻別種或曰居真臘爪哇之間其國東至爪哇國西至滿刺加南至大山北至大海

爪哇國至三佛齊路程

自瓜哇起程順風八晝夜可至其國自淡港入鼓家門裏繫船岸多磘用小船入港至其國累甓為城多廣東漳泉人流寓地方不廣水多地少頭目之家皆在岸上造屋居住其餘民庶於木筏上葢屋而居覆以椰葉用木樁拴繫水長則筏浮或欲别居起樁去之不勞財力港中朝暮二次暗長潮水今為瓜哇所轄有十五州又有旁近屬國曰單馬令凌牙斯蓬豐登牙儂細蘭○凡往三佛齊法當南行貳日即轉而東否則值焦土船必糜碎

三佛齊國統

國主號詹畢相傳其王爲龍精不火食食則大荒不水浴浴則大潦惟食沙糊浴薔薇露而已有百寶冠甚重惟王能戴之傳禪則集諸子能勝者嗣位其人多蒲姓梁天監元年入貢唐天祐初復貢宋淳化二年遣使蒲押陀黎來貢熙寧十年遣保順慕化大將軍以金蓮花貯珍珠龍腦來獻本朝洪武初其國王怛麻沙那阿者稱臣入貢二年遣行人趙述使其國四年述還國王馬哈剌札八剌卜遣使玉的力馬罕亦里麻思奉金字表文隨述賀即位賜大統曆并文綺六年遣使貢方物八年朝使招諭拂菻國歸歷其地遣使

隨入貢九年國主卒嗣子麻那者巫里表乞紹封請印遣使齎詔册封賜駝鈕鍍金銀印十年詔賜王及使綵段靴襪其後爪哇併三佛齊國而廢其地有舊港商舶所聚爪哇置小酋以司市易南海商人梁道明聚衆自立爲酋長永樂三年遣行人譚勝受招之五年中使鄭和往西洋還舶舊港海賊陳祖義者廣東人脱罪居舊港得爲三齊將領横掠過客至是因鄭和招詐降潛謀邀劫有施進卿者祖義鄉人也報和和整兵擒祖義誅其黨即與進卿冠帶留舊港爲將領

祖義械送京師斬於市是年舊港酋長施進卿遣壻丘彥誠入貢詔設舊港宣慰使司命進卿為宣慰使賜印誥冠帶文綺二十一年進卿子濟孫復遣彥誠奏父卒請封并言印為火所毀請復給命濟孫襲宣慰使賜冠帶織金文綺襲衣銀印中使鄭和齎往賜之又聞傳位于女施二姐

三佛齊制度

其國在海中扼諸番舟車往来之咽喉商旅過不入輙出船合戰故諸國之商船輻湊民習水陸戰臨敵

敢死服藥兵刃不能傷擊兵隨時徵發立酋長統率之自備兵糧平時亦不輸徵稅凡文字用梵書其王指環為印亦有中國文字上表章用焉

三佛齊風俗

四時之氣多熱少寒冬無霜雪土沃倍於他壤古云一年種穀三年生金言其米穀盛而多貿金也福建廣東寓居者衆民皆富饒俗囂好淫男女椎髻穿青綿布衫用香油塗身其互市用金銀并錢布婚喪語言與爪哇大同小異亦知賭戲錢物如鬬鷄奕棋把閻貨用燒珠青白磁

器銅鼎布絹色段大小磁甕之類

三佛齊物產

稻

萬歲棗木香樹類絲瓜冬取根晒乾　褊桃　婆律香　薫陸香　蘆薈草屬狀如鱟尾採之以玉器搗研成膏名曰蘆薈　梔子花色淺紫香清越土人曝乾藏瑠璃瓶中　沒石子樹如樟開花結實如中國茅栗　蘇合油以濃而無滓者為上　阿魏樹不甚高土人納竹筒於樹梢脂滿其中冬月破筒取脂即

阿魏也或曰其脂最毒人不敢近每採時繫羊樹下自遠射之脂之毒着于羊羊斃即爲魏　沒藥樹高大如松皮厚一二寸採時掘樹下爲坎用斧伐其皮脂流于坎旬餘取之　血竭樹畧同沒藥採亦如之

金銀香如銀匠攪糖相似中有白蠟一般白塊在内白多者高黑多者低其氣味甚冽能觸人鼻　安息香其樹脂形色類核桃穰不宜于燒然能發衆香故人取以和香　龍腦香　檀香　烏樠木單馬令國出樹似𣏌櫚可爲器　沉香　乳香樹如榕以刀斫之液流於外凝結而成其色品有滴乳餅

乳袋者黑榻纏末等類　薔薇水即薔薇花上露其滿者取其花浸水以代露用瑠璃缾試之翻摇四五次其泡周上下者為真

牛　羊　猪　犬　犀牛　象　膃肭臍獸形如狐脚高如犬走如飛取其腎以漬油名曰膃肭臍　神鹿大如巨豕高可三尺短毛豕嘴前黑後白蹄如猪蹄脚有三跆止食草木不食葷

鷄　鶴頂鳥大如鴨黑毛長頭尖嘴頂有軟紅冠腦骨厚寸餘外紅色内黄如蠟堪作腰帶　火鷄其大

九百十三

如鶴頸足亦似有軟紅冠毛如青羊鋭嘴利爪傷人腹輙斃好食火炭用棍擊之不死

鴨　○崑崙奴能踏曲為樂

猫睛石細蘭國出瑩潔明透如猫眼睛　珊瑚　水晶珠　瑠璃

三佛齊國貢物

火雞○五色鸚鵡○孔雀○龜筒○黒熊○白獺○諸香○米腦○苾布○兜羅綿被○肉豆蔻○番油子○胡椒

御製頒賜三佛齊國詔

洪武九年賜三佛齊國王麻那者巫里詔

詔曰朕自混一區宇常遣使拍諭諸番爾三佛齊國王即稱臣入貢於兹有年今秋使者賫表至知王薨逝爾麻那者巫里以嫡子當嗣王位不敢擅立請奉於朝可謂賢矣朕嘉其誠是用遣使賜以三佛齊國王之印爾當善撫邦民永為多福

給賜三佛齊國

洪武四年賜國王大統曆及絲段紗羅使臣紗羅絲段有差六年賜國王絲段紗羅二十四疋正使三人各二疋衣一套副使二人各一疋通事以下布帛有差十年給王及使臣織金絲段紗羅靴韈等物有差

三佛齊戲具

以木爲骰子六面　骰子曰胡纏　幺曰薩　二曰塗打　三曰帝伽　四曰暗　五日班諢　六曰喃

龍牙門國

其處在三佛齊西北山門相對若龍牙狀中通船過山田瘠米穀甚薄氣候常暑四五月淫雨男女椎髻穿短衫圍梢布擄掠為豪遇番舶則以小舟百數迎敵若順風僥倖而脫否則被其劫殺舟客于此防之

永樂七年寶船至其國

東西竺

其山與龍牙門相望海洋中山形分對嵯峨若蓬萊萬丈之間氣候不齊田瘠不宜稼穡歲藉諸邦淡洋米穀以食男女斷髮繫梢布煮海爲鹽釀椰子爲酒貨用花錫胡椒鐵器之屬地產檳榔木綿布蕉心簟土人取椰心嫩者織而成簟寢之冬暖夏涼永樂七年賚船至其國

卷之十六

廣記

明吳人愼懋賞輯

眞臘國疆里

眞臘一曰占臘曰吉蔑其國自堆甘孛智西番經曰澉浦只蓋甘孛智遺音也在東海濱其地東至海西至蒲甘西南至暹羅十五日南至加囉希及番禺十日東北抵占城驩州十五日延袤七千里

浙江温州至眞臘路程

自温州開洋行丁未針歷閩廣海外諸港口過七州

洋經交趾洋到占城又自占城順風可半月到真蒲乃其境也又自真蒲行坤申針過崑崙洋入港港凡數十惟第四港可入其餘悉以沙淺不通巨舟然彌望皆修藤古木黄沙白葦未易辨認故舟人以尋港為難事自港口北行順水半月可抵其屬郡曰查南又自查南換小舟順水十餘日過半路村佛村渡淡洋抵其地曰干傍去城五十里

永樂元年御史尹綬至真臘路程

永樂元年尹綬自廣州發船抵占城又由占城過淡

九百十七

水湖菩提薩洲歷魯般寺至其國

真臘國山川

葛浪山高萬丈腹有洞有浪鳥似老鴟大似駱駝人過攫食之後國王取大牛肉置利刄鳥攫食之乃死

真臘屬郡凡九十

真蒲郡　查南郡　巴澗郡　莫良郡　八薛郡

參半郡　真里郡　登流郡　眉蒲甘郡　道明郡

蒲買郡　雉棍郡　木津波郡　賴敢坑郡　餘缺

真臘國統

真臘在占城西南本扶南屬國其先女子為王號葉柳南有激國人名混潰者伐葉柳南降之以為妻其後天竺僧憍陳如來主其國至其酋姓刹利名質多思那者日漸強盛隋大業中始通中國唐貞觀初刹利伊金那併扶南而有之永徽初益吞諸小國神龍後國分為二其南近海多陂澤為水真臘其北多山阜號陸真臘後復合而為一宋政和六年遣使來貢宣和二年封為真臘國王舉兵伐占城俘其王更立國人為王後為屬國號占臘領部九十各置官屬

皆以木排栅為城有戰象二十萬建炎中以郊恩授其王金裒賓深為校檢司徒加食邑元唆都元帥置省占城常遣一虎符百戶一金牌千戶到其國竟為拘執不返至元貞中遣使招諭始臣服　本朝洪武初遣使告諭即位國主忽兒那遣其臣柰亦吉郎等表賀獻方物六年賜國王大統曆并綵段二十年復遣行人唐敬使其國國主黎列保毘耶甘菩者遣使貢象五十九頭香六萬斤永樂元年徧諭海外諸蕃告即位遣御史尹綬往國夷王畏敬承命綬歸凡海道所經島嶼山川地境

悉繪爲圖以獻二年有中官往使從行軍逃者三人其王以本國三人補役從中官歸朝　上曰中國人自適於彼何預乃責其償也且留此三人語言不相通風俗不諳況各自有家寧樂處中國乎禮部給其衣食與道里費遣之還尚書李至剛曰臣意中國三人必非適而不返蓋彼國誘而匿之耳則此三人亦不當遣　上曰爲君但推天地之心以待人何用逆詐乎竟遣之二年國王參烈婆毘牙遣陪臣柰職等九人入貢賜紗幣表裏三年參烈婆毘牙卒命序班王

致往祭之封其長子叅烈昭平牙為王賜綵幣等物十九年叅烈昭平牙遣使奉金縷表文貢馴象景泰三年来貢賜王錦貳段紵絲六疋紗羅各四疋王妃紵絲四疋紗羅各三疋總管火長賜衣服紵絲絹布有差

真臘制度

其國城周圍約二十里石濠廣二十餘丈郭内民居可一萬餘城三十所各數千家城門之上有大石佛頭五面向四方中置其一飾之以金當國之中有金

塔傍有石塔二十餘座石屋百餘間東向金橋一所金獅子二枚列橋之左右金佛八座列石屋之下金塔至北可一里許有銅塔一座比金塔更高望之欝然又北一里許則為王宮其正室之瓦以鉛為之脩廊複道突兀參差國王蒞事處有金窓楞列鏡四五十面王宮之中又有金塔王夜卧其上土人皆謂塔中有九頭蛇乃國之土地主也係女身每夜見王先與之相接至於二鼓乃出與妻妾同寢若此精一夜不見則蕃王死期至矣若王一夜不往必獲災禍其

次臣僚屋制皆用草盖獨家廟及正寢二處許用瓦亦隨其等級為廣狹之差王宮官舍皆東向國王坐五香七寶床上施寶帳着朝霞吉貝頭戴金寶花冠被珍珠纓絡足履草屐耳懸金璫常服白氎凡出遊時兵馬擁其前旗幟鼓樂踵其後宮女三五百花布花髻手執巨燭為一隊雖白日亦點燭又有宮女執標槍標牌為內兵自成一隊又有羊車馬車皆以金為飾臣僚騎象前列其次王之后最後王立於象上手持寶劍其四圍象隊甚多又迎小金塔金佛在前

觀者跪地頂禮否則爲覲事者所擒王每日兩次坐衙治事諸臣及百姓欲見王者皆列坐地上以俟聽内中隱隱有樂聲在外方吹螺以迎之須臾二宫女捲簾王乃仗劒立金牕之中臣僚合掌叩頭螺聲既絶乃許擡頭王呼上殿則跪以兩手抱膊遶王環坐議政事畢跪伏而去王即退朝二宫女復垂其簾王坐處有獅子皮乃傳國寶也國王凡五妻正室一人四方四人其下嬪婢之屬有三五千未嘗輕出户凡人家有女美者召入内庭供役皆有丈夫與民間雜

處只於顖門之前削去其髮塗以銀硃及兩鬢以為別國中有丞相將帥司天等官其下各設司吏之屬但名稱不同耳大抵皆國戚為之否則亦納女為嬪出入儀從亦有等級用金轎扛四金傘柄者為上金轎扛二金傘柄者次之以漸而降其下者止用一銀傘柄而已每一村民居稍密則有鎮守之官尋常文字及官府文書以麂鹿皮等物染黑隨大小闊狹以意裁之用一等粉如中國白堊之類磋為小條子其名為梭拈於手中就皮畫以成字永不脫落字跡亦

可辨認爲何人書寫須以濕物揩拭方去大率字樣正如回鶻字凡文書皆自後書向前却不自上書下也其字母音聲正與蒙古音相鄰但所不同者三兩字耳初無印信人家告狀亦有鋪書寫爲儒者呼爲班詰無學舍講習之處亦未究其所讀何書但如常人打布之外於項上掛白線一條以此别其爲儒由班詰入仕者則爲第一等人項上之線終身不去爲僧者呼爲苧姑削髮穿黄褊袒右肩其下則繫黄布裙跣足寺亦許用瓦蓋中設一像正如釋迦佛狀外

此别無像也寺中不設廚竈所誦之經甚多皆以貝葉墨成極其整齊上寫黑字既不用筆不知其以何物書寫為道士者呼為八思惟正如常人打布之外但於頭上戴一紅布或白布如韃靼娘子罟姑之狀而畧低亦有宮觀但比之寺院較狹所供無别像止石一塊如中國社壇中石國中兵馬亦是裸體洗足右手執摽槍左手執戰牌無弓箭砲石甲冑之屬傳聞與暹人相攻皆驅百姓使戰亦别無智畧謀畫國人有通天文者日月薄蝕皆能推筭但只閏九月一

夜分爲四更民間争訟小事亦必上聞初無笞杖之責但罰金而已其人大逆重事亦無絞斬止於城西門外掘地成坑納罪人於内實以土石堅築而罷其次有斬手足指者有去鼻者但姦與賭無禁又有所謂天獄者國宫對岸石塔十二座争訟莫辨令各坐一塔中其無理者必獲病而出有理者畧無纖事以此判其曲直如人家失物盗不肯認煎熱油令伸手於中若果偷物則手腐爛否則皮肉如故番中有法如此其民殺唐人則償命唐人殺其民則罰金無金

賣身贖罪每日一壚自卯至午即罷無居鋪但以蓬席鋪地亦納官司賃地錢

真臘風俗

其國氣候炎熱四時常如五六月天不識霜雪河水常溫如湯惟五更微涼日出復溫且半年有雨半年無雨自四月至九月每日午後即下雨十月至三月點雨絕無人性氣捷勁縣鎮風習與占城無異每用中國十月為正月是月名為佳得國宮前縛一大棚掛燈毬花朵裝烟火爆杖於上遇夜請國主出觀點

九百十三

放爆杖其大如砲聲震一城如是者半月而止每一月必有一事如四月則抛毬五月則迎佛水聚一國遠近之佛送水國主洗身陸地行舟國主登楼以觀七月燒稻其時新稻已熟迎於南門外燒之以供佛此則國主不出觀者八月則挨藍挨藍者舞也點差伎樂每日就國宮内挨藍且闘猪闘象九月則壓獵壓獵者聚一國之衆皆来城中教閲於國宮之前凡生女九歲請僧作梵法去其童身點其額為吉利名曰陣毯人家養女父母必祝曰願汝將来嫁千百箇

丈夫每歲四月内當陣毯之家報官司給一巨燭刻畫其間約是夜點燭至刻畫處則為陣毯時候矣先期擇好僧饋以酒米布帛銀器有至一百担者貧家至十一歲始行事為難辦此物耳亦有捨錢與貧女陣毯謂之做好事然一歲中一僧止御一女女十歲即出嫁蕃婦產後熱作飯抹之以鹽納於陰户凡一晝夜而除以此產中無病且收歛如室女次日即抱嬰兒同往河内澡洗蕃婦多淫丈夫不中所欲有買臣見棄之事若丈夫有遠役過十數夜其婦必曰我非

九百廿四

是鬼如何孤眠淫蕩之心尤切然亦聞有守志者婦女易老蓋其婚嫁產育最早二三十歲人已如中國四五十歲人矣國人尋常有病多入水浸浴及頭洗頭便自痊可然多病癩者往往好色之餘便入水澡洗故成此疾亦有貨藥於市者與中國不類不知其為何物更有一等師巫之屬與人行持人死無棺止以蘆席之類蓋之以布其出喪亦用旗幟鼓樂又以兩柈炒米繞路拋撒擡至城外僻遠之地棄擲而去父母死别無服制男子髡其髮交女於顖門剪髮似

錢大以此為孝耳國主仍有塔塟埋土人不事蠶桑婦人不曉針線縫補僅能織木綿布而亦不能紡但手理成條無機杼以織將一頭縛腰一頭搭上梭亦止用一竹管近年暹羅人來居始知蠶桑為業矣尋常民家房舍之外別無桌凳盂桶作飯用一瓦釜作羹用一瓦銚地埋三石為竈以椰子殼為杓盛飯地苦炎熱每日非數次澡洗則不可耐入夜亦不免一二次初無浴室但每家鑿造一池否則二三家合一池不分男女裸形入池惟父母尊年在池則子女卑幼

不敢入或卑幼先在池則尊長亦廻避之行輩則無拘也但以左手掩形入水而已蓋其國以右手為淨左手為穢右手留以拿飯故耳海島村僻人物醜黑號為崑崙至如宮人及南棚乃府第也婦女多有白如玉者大抵一布經腰之外不以男女皆露出胷酥椎髻跣足國主之妻亦只如此城中婦人多至城外河中漾洗動以千數雖府第婦女亦預焉畧不以為恥國人交易小用米穀及唐貨次用布若大交關始用金銀其交易皆婦人能之唐人到彼先納一婦人

者亦利能其買賣故也土人最朴遇唐人頗加敬畏呼之為佛見則伏地頂禮近因唐人之為水手者利其國中不着衣裳且米糧易求婦女易得屋室易辦器用易足買賣易為往往逃逸於彼始有脫騙欺負唐人者矣人家奴婢皆買野人多者百餘貧家則無之蓋山野之人自有種類俗呼撞賊到城中亦不出入人家城間人相罵者呼之為撞則恨入骨髓少壯者一枚直百布老弱者止三四十布秖許于樓下坐卧若執役方許登樓必跪膝合掌頂禮而後敢進其犯

壯者自相配偶，主人不與交接。或唐人不擇主人，聞之，次日不與同坐，以其曾接野人故也。有逃者，擒而復得，必於面刺以青，或項上帶鐵以錮之，亦有帶臂腿間者。其地不出金銀，以唐人金銀為第一，五色輕縑帛次之，其次如真州之錫鑞、温州之漆盤、泉州之青甆器及水銀、銀硃、紙劄、硫黃、焰硝、檀香、白芷、麝香、麻布、黃草布、雨傘、鐵鍋、銅盤、水珠、桐油、篦箕、木梳、針。其麄重則如明州之蓆。甚欲得者則菽麥也，然不可將去耳。

真臘物産

稻有長至一丈者但不用糞穢嫌其不潔也做米亦不以礱止杵舂碓耳　婆田羅樹花葉實畧似棗　歌畢佗樹花似林禽葉似榆而厚大實似李　菴羅樹花葉似棗實似李　毗野樹花似木瓜葉似杏實似楮　石榴　桃　荔枝味酸　橘子味酸　芭蕉　甘蔗　荷花正月即開　白豆蔻樹如絲瓜蔓衍山谷春花夏實　胡椒纏藤而生纍纍如緑草子其生而青者更辣　木綿

花樹高過屋十年不壞
金顔香乃樹脂有淡黃色者有黑色者劈開雪白者
為佳夾砂石為下其氣能聚衆香番人以之和香塗
身　篤耨香樹如杉檜香藏於皮老而脂自流溢者
名曰篤耨冬月因其凝而取之名黑篤耨盛以瓢碎
瓢而爇之名篤耨瓢香　沉香出真臘者為上占城
次之　速暫香出真臘者為上伐樹去木而取香者
謂之生速樹仆木腐而香存者謂之熟速其樹木之
半存者謂之暫香黃而熟者為黃熟通黑者為夾箋

麝香木氣似麝臍　降真香生叢林中番人頗費砍斫之勞蓋此乃樹心其外白木可厚八九寸小者亦四五寸　畫黃乃樹間之脂番人預先一年以刀斫樹滴瀝其脂至次年而始收　紫梗生樹枝間正如桑寄生狀頗難得　大風子油乃大樹之子狀如椰子而圓中有子數枚十　咸平樹莢中欲酸則着以咸平樹葉樹既莢則用莢既生子則用子　朋牙四樹其葉可以造酒　絡蔴　蘇木

葱　芥　韭　茄正月有之其樹經數年不壞　西

瓜　東瓜　王瓜　莧菜

牛甚多生敢騎死不敢食亦不敢剥其皮聽其腐爛以其與人出力故也　猪　羊　馬甚矮小　麋

鹿　麞　麅　猿　狐　虎　豹　熊　羆　犀角向而帶花者為上黑為下　象每一象死方有二牙舊傳謂每歲換牙者非也其牙以標而殺之者上也自死而隨時取得者次之死於山中多年者斯為下矣

野牛　山馬　鼠大如猫

雞　鵝　野鴨　黄雀　鶴　鷹　鴉　鷺鷥　雀

兒　鸕鷀　鸛　孔雀　鸚哥　翡翠在叢林有池處自林中飛出求魚番人以樹葉蔽身籠一雌以誘之手持小網伺其来則罩之

鴨　鵞

草魚出淡水洋　鯉魚出淡水洋　鯽魚出淡水洋

鱔魚　湖鰻　吐哺魚重二斤　建同魚四足無鱗鼻如象吸水上噴高五六丈　浮胡魚八足状如鮔嘴如鸚鵡　鰐魚大者如船有四足絶類龍但無角耳肚甚脆美　龜　鼉　鱉　六藏龜　田鷄土

人不食入夜縱横道途間　蝦重壹斤　蛤蜆

螄螺出淡水洋

黄臘出於村落朽樹間其一種細腰蜂如螻蟻者番人取而浮之每一船可收二叁千塊每塊大者三四十斤小者十八九斤

蒲甘國

宋史崇寧五年蒲甘國遣使入貢詔禮秩視注輦國尚書省言蒲甘大國不可下同注輦小國請如交趾諸國禮從之今蒲甘不聞通使或宋末國弱為真臘所

併未可知也

真臘貢物

象○象牙○犀角○孔雀翎○寶石○土降香○蘇木○烏木○黄花木○胡椒○黄蠟

給賜真臘國

洪武六年賜國王大統曆及綵段等物景泰三年賜王錦二段紵絲六疋紗羅各四疋王妃紵絲四疋紗羅各三疋○差來頭目并通事總管火長衣服紵絲絹布有差

海外有真蠟國其土風國俗元人周達觀記之甚詳中間紀其曆法謂中國閏歲則彼亦置閏但只閏九月不可曉偶記秦時以十月爲歲首當閏之歲無問何月率歸餘於歲終爲後九月漢初亦襲用之至正和間始改豈真蠟置曆亦若漢初之循用秦法耶

赤坎往占蠟針位

赤坎開船用坤申針肆更船平覆頂山沿使打水柒捌托用庚酉針貳更船平一小員嶼用單庚針叁更船沿山使打水柒捌托硬沙地平小山嘴貼上有一派石欄不出水行船仔細用坤申針壹更船遠看單未上有一路水色黃打水肆伍托沙地過去貼補山嘴用庚申針壹更船取員山嘴名叫佛山此前頭併坤申上自無山嶼看見只見前面一平洲在灣裏洲內托上正是真角港口船從山嘴上可收隴打水

叄肆托正路收隴坤申邊打水肆伍托泥地沿坤申使至中平州将平洲放在船尾船頭向港近馬户沙墘坐莫要船帆鋪進離沙墘内無碍進去三二灣有人家馬户邊莫放心他為奻

占鼠田赤坎山針路

在梹榔港出用丙午針伍更船見大崑崙山在西南上看遠用单丑

九百卅二

真臘象語

時令類

正月 佳得

數目類

一 梅

二 別

三 卑

四 般

五 孛監

六 孛監梅

七 孛監別

八 孛監卑

九 孛監般

十 荅

人物類

父　巴馳

母　米

兄　邦

弟　補溫

姑夫　孛賴

小官　厮辣的

中國官人　巴丁備世

秀才　班詰

叔伯　巴馳

姑姨嬸　米

姐　邦

舅　吃賴

大官　暗巴丁丁

村落官鎮守　買節

中國秀才　班詰備世

僧　苧姑

九百二十三

佛
孛頼

道士
八思維

王府服役有夫婦女
陳家蘭

野人
撞賊

人事類

中國
備世

府第
南棚

郵亭
森木

跪地頂禮
三罷

不識體例
暗丁八殺

舞
挨藍

飲食類

米
包稜角

樹葉酒
明牙四

器皿類

大船　新拏　小船　皮蘭
傌字條子　梭　骰子　撒家

禽獸類

馬　卜賽　牛　箇
猪　直盧　鷄　欒

戲具　雙陸用板
骰子以木為之　么曰枚　二曰枚毗　三曰琳
四曰不琳毗　五曰班　六曰辛

西南夷

崑崙山

假馬里丁

浡泥國

黎代國

碟里國

剌撒國

蘇祿國東南海

大葛蘭國

雲臺廣記

崐屯山

麻逸凍國

蘇門荅剌國

大食國

彭亨國

阿魯國即啞魯國

小葛蘭國

交欄山

龍牙加貌國

那孤兒國

麻剌國東南海

瑣里國

百花國

淡洋

木骨都束國

竹步國
阿丹國
古里班卒國

溜山國
白葛達國
裸形國
答兒密
亦思把罕國

卜剌哇國
合猫里國
呂宋國
南浡里國
淡巴國
阿哇國
柯枝國
古里國
野义國
阿速國

忽魯謨斯國
打回國
日羅夏治國
祖法兒國
甘把里國
錫蘭國
娑羅國
討来思國
沙哈魯國

以下諸國皆永樂宣德間中官使西洋有隨去周老人者所說

木蘭皮國　沙華公國　女人國

茶弼沙國　覽邦國

須文達剌國茄樹高丈餘生茄梯而摘之大如西瓜重餘十斤

特播里國波羅蜜大如斗甜瓜圍三四尺

曼陀郎國西瓜重五六十斤石榴如斗

蘇吉丹國甘蔗長丈

麻呵斯離國麥粒長半寸八九月甘露降民盛之暴日中凝結如氷味勝糖霜

雲臺廣記

伽里那國綿羊重二百斤逢春割其尾以藥塗之次年復生

麻那里國仙鶴高六七尺

馬哈国羚羊尾重餘三十斤

放拜國布絶細每疋濶七尺長八丈

板葛臘國樹皮作紙光澤細膩如鹿皮比之繭紙尤精

朝鮮廣記

明吳人慎懋賞輯

古里國疆里

古里國又曰西洋古里國又曰古俚或以為二國會典諸書所載各異其國與伽藍洲獅子國相鄰南距柯枝西至海去中國十萬里

柯枝國往古里路程

自柯枝國港口往西北行三日可到其國

古里國統

古里大國西洋諸番之會前代不通中國　本朝洪武二年遣行人聞良輔詔諭西洋諸番古里國王遣使進金葉表文入貢　上以其涉海道遠賜賚甚厚五年瑣里国王卜納的亦遣使奉金葉表文并圖其土地山川以獻上賜國王大統曆及織金絲段紗羅各四疋賜使臣絲段紗羅各二疋　永樂元年王馬那必加剌滿遣馬戍來朝貢二年二國各遣使貢馬詔許其附載胡椒等物皆免稅三年其酋長沙米的又遣使朝貢詔封古里國王給印誥五年復來貢七年遣中官鄭和遣西南夷

賜王誥命幣帛陞賞其將領有差於是古里復遣使貢金絲寶帶金絲其細如髮結花綴八寶珍珠雅鶻石於上自後其國間一遣貢

古俚制度

其王位父不傳子傳與外甥止論女腹所生為嫡族其王若無姐妹傳之於弟無弟擇賢而傳之王頭纏黃白布上不穿衣下圍絹絲手巾再用五色紵絲二尺纏之名曰壓腰其刑法無鞭笞輕則截手斷足或罰金重則誅戮甚則抄滅犯法者拘之

到官輸服則已若稍寬枉不輸服者則於王前或大頭目前置一鐵鍋盛油五十斤煎燒其油先以樹葉投於油內試之爆烈有聲遂命其人以右手二指蘸於油內片時待焦取出用布包裹封記監留在官三日後聚衆開封看之若手潰爛是其事不枉便即加刑若手如舊無損則釋之頭目人等以鼓樂送其人回家親鄰饋禮相賀飲酒作樂各處番船到彼王差頭目并寫字人来眼同而賣亦取稅錢如永樂十三年鄭和寶船到彼王差頭目并哲

地米納即書筭手官牙人也来會領䑸大人議擇其日打價至日先將帶去錦綺等貨逐一議價寫定合同合掌其牙人言某日交易於衆手中拍一掌或貴或賤再不番悔然後哲地富户將寶石珎珠珊瑚等物来看其議價則非一日能也速則一月緩則二三月價議已定如買一主珍珠等物該錢若干則原經手頭目米納計筭該還紵絲等物若干照原打手之議交還毫釐無改王以六成金鑄錢行使名吧喃每箇官寸三分八厘面底有紋

重官秤一分又以銀鑄小錢名搭兒每番秤一錢該官秤八分其番秤名法刺央秤番貨重二百斤番秤為一播荷該官秤三百二十斤若其量法官鑄銅升番名光憂黎每升該官升一升六合

古俚風俗

其地氣候常熱多雨田瘠少收村落傍海綴椰木葉苫屋風俗頗淳人無酥油不能食飯男女椎髻穿短衫圍單衣國人半奉回回教門禮拜寺有二三十處七日一次拜禮至日本家齋沐諸事不理

午時大小男子俱至禮拜寺至未時方散回理別務人甚誠信民族有五種亦如古俚曰南毘曰回回人曰哲地曰革全曰木瓜婚喪之禮鎖里人回回人各依本等體制不同交易無算盤以兩手兩脚十指計算分毫無差街市亦有彈唱者以葫蘆殼為樂器唱番歌相和而彈音韻堪聽交易用金銀錢銀錢十五當金錢一其貨用色叚白絲青花白磁器金銀之屬

古俚物產

稻紅白皆有

椰子樹椰子之用有十嫩者漿甜可食又可釀酒老者肉打成油做糖或做飯外皮打索造船殼為碗為酒鍾又可燒酒灰打鑲細巧金銀器飾樹堪造屋葉堪蓋屋富者則種椰子一千枝或二三百株以為世業　胡椒山脚住人置園多種到十月間椒熟摘取曬乾自有收椒大户收買上官庫盛貯着有買者官與發賣見數計算稅錢納官每胡椒二百五十斤為一播荷即官秤之四百斤也賣金錢

二百箇　波羅密　芭蕉　木鼈樹高十餘丈結
子如大柿內包其子三四十箇熟則自落
芥菜　薑　蘿蔔　蒜　葱如蒜頭大葉小　茄
子　葫蘆　東瓜　小瓜如指大長二寸許味如
東瓜
水牛不甚高大　黄牛重三四百斤人不食其肉
止食乳酪酥油凡牛死則埋之　羊脚高灰色似
驢可騎　鹿　兎
鷄　鴨　鵝　鷹　鷺鷥　孔雀　燕子　蝙蝠

其大如鷹俱在木鼈樹上倒掛而歇

魚最多

西洋布本國名擡黎布出於隣境坎巴夷等處每

足濶四尺五寸長二丈五尺賣金錢八箇或十箇

手巾國人將蚕絲練染織成間道花闊五尺長

一丈二尺餘每條賣金錢一百箇

古里國貢物

寶石○珊瑚珠○琉璃瓶○琉璃枕○寶鐵刀○拂

郎雙刃刀○金繫腰○錫○阿思摸達塗兒氣○龍

涎〇蘇合油〇乳香〇檀香〇木香〇梔子花〇胡椒〇花氈單伯蘭布〇苾布〇紅絲花手巾〇番花人馬象物手巾〇線結花靠枕

給賜古里國

永樂間賜國王王妃紵絲紗羅等物

婆羅國

婆羅負山面海有東王西王人多念佛素食惡殺喜施　永樂四年國王各遣人勿黎哥等来朝貢真珠玳瑁瑪瑙車渠賜王及妃文綺

淡羅國貢物

珍珠○玳瑁殼○白焦布○花焦布○降真香○黄蠟○黑小廝

給賜淡羅國

永樂四年賜國王紵絲紗羅共十六疋織金大紅錦手巾一副王妃紵絲紗羅共八疋正副使并從人鈔紵絲羅并衣服靴韈

答兒密

答兒密永樂間遣使十八人來朝貢方物賜大統曆

文綺藥茶國在北海中地不百里人不滿千家有墻壘而無城郭屋以板覆田以牛耕王居官舍不甚差別産馬駝羊牛毛褐布縷交易無用銀錢刑專用箠朴服屬撒馬兒罕

野叉國

唐陵州刺史周遇自青社之海歸閩遭惡風飄五日夜不知行幾千里也到野叉國船抵暗石而損遂般人物上岸伺潮落閣船而修之初不知在此國有數人同入深林採野蔬忽爲野叉所逐一人被擒餘人驚走回顧見數輩野叉同食所得之人同舟者驚怖無計頃刻有百餘野叉皆赤髮裸形呀口怒目而至有執木鎗者有雌而挾子者篙工賈客五十餘人遂齊將弓弩鎗劍以敵之果射倒二野叉即舁拽朝嘯

而遁既去遂伐木下寨以防再来野叉畏弩亦不復至駐兩日修船方畢隨風而逝

討来思國

討来思在海中周徑百里城近山山下有水赤色望之如火然俗尚佛婦人主家事市中交易用錢地多駝羊馬牛亦有布縷毛褐土宜麥穄無稻穀宣德六年嘗遣人朝貢

亦思把罕國

亦思把罕於西南海中為大國廣袤近千里四面皆海西北多山東南皆平沙國有城堅壯王居亦侈麗物產豐厚風俗淳朴尚佛畏刑喜施惡奪亦有中國人寄寓者時時出貫撒馬兒罕市多馬駝少布帛有珠玓而無稻黍日食惟麥粽麥粒麤壯甘美永樂中遣使四十四人来朝貢

才百四十五

阿速國

阿速在西海中為大國多撒馬兒罕天方諸國人有城倚山面川川南流入海敬佛見好布施惡爭鬬凉暄適節人無饑寒無盜賊海有魚鹽之市野有耕牧之利物產饒富永樂中遣百十二人来朝貢

沙哈魯國

沙哈魯國在阿速西南海島中山川環抱王及酋長居城中有瓦屋庶人旅處城外田野中林落相聚人民淳直恥鬬好佛畜產豐利交易海中諸國西域賈

胡来市海中奇物不惜高價亦有價廉而得奇貨去者沙哈魯人不識也永樂間遣七十七人来朝貢

木蘭皮國

木蘭皮在西海中自大食國發舟正西泛海一百餘日方至其地日晷長三時秋風忽起人獸速就水飲稍遲則渴死其國一舟可容千余人舟中有貿食肆機杼之屬言舟之大者莫如此國所產極異麥又陽盛之方生物甚旺一粒長三寸瓜圍六尺榴重五斤桃重貳斤香櫞重二十餘斤萊長三四尺胡羊高數尺尾大如扇春剖腹取脂數十斤縫合仍活不取脹死穿井百丈方見泉宣德中嘗遣中使至其國

沙華公國

沙華公在東南大海中其人肆行刼掠商舶或漂至其國則擒人燒食之又有一種曰毗舍耶者與泉州之晋江縣相近其人語言不通裸袒盱睢殆畜類也或時至晋江刼掠其来不測多羅生畜啖之意喜鐵器及匙筯人閉户則免但刓其門圜而去擲以匙筯俟俯拾可緩數步

女人國

女人在沙華國東南水常東流其國無男子其女感

九百四十七

風而生女女貴多有侍男男子不得有侍女生女從
母姓蓮肉長尺餘核桃長二尺

荼弻沙國

荼弻沙城方一千餘里其國先明乃太陽没入之地至晚日入其聲如雷每於城上用千人鳴金吹角以混日聲不然則孕婦小兒皆驚死王着戰衫金帶金冠婦人着珍珠衫民居七層每一層為一家土産金寶極多

矘邦國

洪武九年國王昔里馬哈剌扎的剌扎遣使奉表來貢永樂宣德中附隣國貢方物

矘邦國貢物

馬○孔雀○胡椒○蘇木○檀降香

フイリイカ

海國廣記

明吳人慎懋賞輯

佛郎機國

疆里

佛郎機或曰喃勃利國在真臘國南濵海與爪哇國對峙西至三佛齊國北至占城

占城國至佛郎機路程

自占城起程順風貳拾晝夜可至其國

佛郎機國統

佛郎機前代不通中國或云此喃勃利國之更名也、古有狼徐鬼國分爲二洲皆能食人爪哇之先鬼啖人肉佛郎機國與相對其人好食小兒　本朝正德十四年佛郎機大酋弑其國主遣必加丹末等三十人入貢請封有火者亞三本華人也性頗黠慧服役彼國已久至南京時　武宗南巡江彬用事導亞三謁　上喜而留之隨至北京入四夷館不行跪禮且詐稱滿剌加國使臣朝見欲位諸夷上主事梁焯執問杖之其舶住廣州澳口布政使吳廷舉聞於朝尋

撿無會典舊例不行遂退舶東莞南頭蓋屋樹栅恃
火銃以自固每發銃聲如雷潛出買十餘歲小兒食
之每一兒予金錢百舶夷初至行使金錢後方覺之
廣之惡少掠小兒競趨之所食無算居二三年兒被
掠益衆適回回人寫亦虎仙以貢獻事誣陷甘肅文
武大臣亞三與虎仙皆恃彬勢意頗輕侮朝官焯每
以法繩約之二夷人相謂曰　天顏可即主事乃顧
不可即耶彬聞之謂焯凌虐駕下人員將奏治適
武宗晏駕　皇太后懿旨誅彬又滿剌加王訴佛郎

九百五十

機奪國仇殺於是御史丘道隆何鏊言其悖逆稱雄逐其國王掠食小兒殘暴慘虐遺禍廣人漸不可長宜即驅逐出境所造垣屋盡行毀拆　詔悉從之誅其首惡火者亞三等寫亦虎仙同伏誅命撫按撤備倭官軍逐餘黨醜類歸去海道憲副汪鋐率兵至猶據險逆戰以銃擊敗我軍或獻計使善泅者鑿沉其舟乃悉擒之　上詔佛郎機人自後不得進貢并禁各國海商亦不許通市由是番舶不至競趨福建漳州兩廣公私匱乏嘉靖中巡撫都御史林富上疏乞

弛其禁詔從之然雖禁通佛郎機往來其黨類假充別國名更附諸番船雜至為交易首領人皆高鼻白皙廣人能辨識之游魚洲快艇多掠小口往賣之所在惡少與市為驅儈者日繁甚至官軍貿客亦與交通云

佛郎機風俗

其人好食小兒然惟國主得食臣僚以下不能得也前至廣時則人得而食之矣其法以巨鑊煎水成沸湯以鐵籠盛小兒置之鑊上蒸之出汗汗盡乃取出

用鐵刷刷去皆皮其兒猶活乃殺而剖其腹去腸胃蒸食之

佛郎機銃

佛郎機與爪哇國用銃形製俱同但佛郎機銃大爪哇銃小耳國人用之甚精小可擊雀中國人用之稍不戒則擊去數指或斷一掌一臂其銃管用銅鑄造大者壹千餘斤中者五百餘斤小者壹百五十斤每銃一管用提銃四把大小量銃管以鐵爲之銃彈内用鐵外用鉛大者八斤其火藥製法與中國異其銃

一舉放遠可去百餘丈木石犯之皆碎銃製須長若短則去不遠孔須圓滑若有歪斜澁礙則彈發不正惟東莞人造之與番制同餘造者往往短而無用

佛郎機船

佛郎機番船用挾板長十丈濶三尺兩旁架櫓四十餘枝周圍置銃三十四箇船底尖兩面平不畏風浪人立之處用板捍蔽不畏矢石每船貳百人撑駕櫓多人衆雖無風可以疾走各銃舉發彈落如雨所向無敵號蜈蚣船

嘉靖二十八年二月佛郎機夷王船于詔安灣宮澳下灣
泊都指揮盧鏜擒獲賊首佛郎機國王三名一名矮
王番名浪沙羅的嗶咧係麻六甲國王子一名小王番名佛南
波二者係滿喇加國王孫一名二王番名兀亮喇咧係麻六
甲國王嫡親柯秀稱佛郎機鈔雖視者真番人與破哈氏
王奪即去滿喇加以烏尾船進貢而不能勝今稱夷王弟
王弟等背身材高大眾數萬

出朱紈甓餘雜記

佛郎機船由西北海道劫掠而來以貝貨換陳貨
南海道劫掠計販貨以此不能四處只蕃閩中

巴喇西國

巴喇西國在極南海正德辛未歲遣使臣沙地白入貢言其國在南海甚遠始領其王命在洋船行凡四年半被風飄至西瀾海面船壞唯存一脚艇又在洋飄風八日至得吉零國住十二箇月又往地名祕得住八箇月乃遵陸行二十六日至暹羅國以情白王王賜日給又與婦女四人住彼又四年至今年五月纔附番人柰林船入廣其所貢木匣六枚内金葉表文祖母緑一塊珊瑚樹四株琉璃瓶四把玻璃甌四

箇及瑪瑙珠胡黑册

元豫章人汪大淵字煥章負氣好遊足迹幾徧天下獨以海外諸國未歷嘗兩附海舶遊東西洋所經之地凡百有一浮海者數年嘗月夜於海底得樹盈尺槎牙盤結其堅如鐵枝有兆蕊各一紅色天然以為異寶自賦詩紀之復采海外人物風土為島夷志一卷真奇士也